U0876906

南越王墓探奇

亲历汉陵考古文化丛书

王学理 主编

何东红 编著

陕西新华出版传媒集团
三秦出版社

图书在版编目（CIP）数据

南越王墓探奇 / 何东红编著 ； 王学理主编. 一 西安 ：
三秦出版社， 2020.7
（亲历汉陵考古文化丛书）
ISBN 978-7-5518-2194-0

Ⅰ. ①南… Ⅱ. ①何… ②王… Ⅲ. ①汉墓一考古发掘一研究一越秀区 Ⅳ. ① K878.84

中国版本图书馆 CIP 数据核字（2020）第 134114 号

南越王墓探奇

何东红　编著

出版发行	陕西新华出版传媒集团　三秦出版社
社　　址	西安市雁塔区曲江新区登高路 1388 号
电　　话	（029）81205236
邮政编码	710061
印　　刷	陕西龙山海天艺术印务有限公司
开　　本	787mm×1092mm　1/16
印　　张	17.75
字　　数	280 千字
版　　次	2020 年 7 月第 1 版
	2020 年 7 月第 1 次印刷
印　　数	1—2000
标准书号	ISBN 978-7-5518-2194-0
定　　价	86.00 元
网　　址	http://www.sqcbs.cn

《亲历汉陵考古文化丛书》编委会

主任、主编 王学理

编　　委 卢兆荫　王学理　信立祥　王志杰
张仲立　李　郁　刘连腾　吴凌云
何东红

传递知识　留下记忆

王学理

中华文物丰富多彩、灿烂光辉。每件文物，表面上透露出来的知识多种多样。让研究家解读，有说不完、道不尽的话题；但在每件文物的背后又隐藏了不知多少鲜为人知的纠葛。如果让亲历者来讲述，同样也是一些说不完、道不尽的故事。

历来研究和介绍中华文物的专著、论文、普及读物、图册图录等书籍，从大到小、由精到简，繁略相济，图文并茂，可说是应有尽有。特别是在我国经济生活水平飞速提高之后，人们对文化生活的追求日益迫切。其中对我们祖先留下来的物质文化遗产，更是怀着浓厚的感念之情。于是，介绍这方面的图书花样翻新，层出不穷。那么，这多种形式的宣传品对提高人们的文化素养、培养文物意识、增强爱国精神，无疑是起到了积极的、开导的作用。但是，久而久之，说教式的讲解已经不能满足人们对知识的追求。因为富于钻研精神的中国人，往往是“打破砂锅问到底，还要问砂锅盛多少米”，并不满足回答“这是什么”，而要的是“这是为什么”，所以，“文物背后隐藏的秘密”就成了人们追根问底的对象。

秦兵马俑真是打井的农民发现的吗？如果是，那怎么会把铜箭头卖到废品站去？秦俑既是历史的存在，怎么会冒出来个“秦俑之父”呢？

“昭陵六骏”石刻既是大型的浮雕，怎么会是打烂的几大块拼凑的呢？

龙门的《帝后礼佛图》，怎么成了铲剩的残迹呀？

敦煌石窟有着太多的疑问：太多的经卷是怎么跑到英、法、日、德、俄等国的博物馆里去了？华尔纳怎样用胶布剥离莫高窟 26 块壁画的？其残暴行为是谁支持的？

……

现在很多人参观了博物馆之后，总喜欢问：“还有什么秘密吗？”其实，人们有太多的疑问不是坏事，不能一概看作是“挑刺”“较劲”，而是有益的事。因为大家希望知道“文物背后的秘密”一定会引申出来故事，进而就促成了文物知识的展开。就以上面的“疑问”为例，看看结果是不是有益的：

如果不是临潼晏寨公社水保员房树民制止打井的农民并报告给县博物馆，恐怕号称“世界八大奇迹”的秦兵马俑就会与世人失之交臂。由此可见普及全民的“文物意识”是何等的重要！

只有不随波逐流的研究者打破“无阵不阵”（说4个坑全是“阵”）的神话，才揭示了秦俑“阵”“营”“战”“幕”等四坑的组合关系。也因为多角度的研究，才打破了官方“定于一尊”者的多个学术矛盾。至于用几种量法得出始皇陵有多个高度的笑话，也随之烟消云散。在那里，掌权者嫉贤妒能、窃取见解、篡改历史、编造“为秦俑而生”的谎言也逐渐被人们识破。

对“昭陵六骏”、龙门石窟中《帝后礼佛图》、莫高窟壁画盗毁的追问，答案必然是揭露官商勾结、洋盗猖獗的内幕，使人看到奸商如岳彬之流，洋盗如普爱伦、华尔纳之辈的卑劣嘴脸，认识到国弱民贫年代的可悲，从而激发富民强国的精神意志。

“敦煌学”的展开，人们问：是谁最早吃苦受累对敦煌雕塑、壁画艺术做了如实的调查与临摹？今人谁还记得有开山之功的“西北艺术文物考察团”的王子云、何正璜们呢？对这一对“文博伉俪、世纪传奇”故事的展开，使相当一些“不知有汉，无论魏晋”的“学者”意识到具有“开创之功”的并非“唯吾独尊”。

当然，对中华文物的热爱与研究，从质疑中引出大课题的例子不胜枚举，在此就不再啰嗦了。

我出版过的几本书，除为考古学术界“少数人中的少数人”研讨之用的学术专著外，总有板起面孔“说教”之感。我想：对于祖国优秀的文化遗产人人都享有知情权，让高深的学术问题走下大学的课堂、走出学者的书斋，为大众读者着想，写点既有知识性又有趣味性的读物来，也应该是责无旁贷的吧！

我初随吴梓林开辟了“秦都咸阳”考古，曾“三进三出”，几部论著勾绘出这座古都的轮廓及其构成的城市要素；也参加秦始皇陵园考古，与兵马俑为伍14载，4部专著成了亲历者视觉的解读佳作，也拿了大奖；开辟汉阳陵陵园科学考古，连年发掘，“裸体俑”成了享誉世界的名片。那么，要为读者大众写书，又从何说起呢？最后我选定了从亲历汉陵考古开始。原因一是“汉唐盛世”开启了中国历史的新篇章，具有世界性的影响，其理人人懂得；其二是汉陵墓考古发掘、保护、展出的群众性基础好，受众面大。

《考古队长说阳陵》一书从编写到出版，算是“亲历汉陵考古文化丛书”的开篇之作，自始至终得到三秦出版社的关注。“投石问路”的发行，竟得到了良好的反响。很多学者认为这既是传递文物知识的新途径，又是亲历汉陵考古工作者口述历史、留下记忆的新形式，还能拉近作者与读者之间的距离，从而收到好的效果。社会的反响、群众的支持，鼓励我们树立办好此一丛书的信心。于是，我多方约稿，确定每部书稿的编写大纲、配图形式等等。由于这些繁琐的基础工作的完成，才基本上形成了体系化的规模。

“亲历汉陵考古文化丛书”旨在通过亲自参加或参与西汉陵墓的考古调查、发掘、保护、开发者的述说，向读者展现该陵墓的修建过程、形成规模、葬制内容、保存现状、经营情况、文化意义、观众感兴趣的问题等等，使知识性与趣味性二者结合，提供给具有中学文化程度以上的广大人群阅读，属于普及型的历史文化读物，对文博工作者与考古文物教学也具有一定的参考价值。虽然要求编写者，最好是西汉陵墓的考古调查、发掘、保护、经营、管理的参与者，但事实上一个人不一定是全程的参与者。因此，要求只要是同这一文物项目有过一段接触，并能兼顾其他人，或采取一人执笔、多人合作，或用访谈形式，都是可行的。为文时，尤以第一人称（或“我们”）出现，更具亲近感。在书中，可讲成果，也可讲教训；讲成功，也讲挫折与失败；讲起因，更讲结果；讲苦痛，也讲荣誉。总之，要以积极向上的态度，宣传正能量，鼓励读者看光明、往前走。我们也要求涉及真人，需用事实说话，坚持真理，弘扬正气。书前设有彩版，文中再配上有价值的照片、拓片、绘图或插画，均为为读者提供欣赏、收藏的方便。

书山有路勤为径，学海无涯苦作舟。我可以欣慰地告诉广大读者朋友和有意加入编写《亲历汉陵考古文化丛书》行列的同行，在《考古队长说阳陵》一书之后，有关茂陵、杜陵、满城汉墓、南越王墓、徐州楚王墓、大葆台广阳顷王墓、芒砀山梁王墓、废帝海昏侯墓的“亲历记”将陆续同大家见面。我也希望社会各界人士多多给予关注，并欢迎大家积极地参与进来，使“亲历汉陵考古文化丛书”继续编写下去。如果条件允许，我们还可扩大规模，重启系列。

在此，我以“亲历者”的身份写了上面的文字，是为序。

2017 年 10 月 26 日于陕西省考古研究院寓所

【编者按】王学理，中国著名的秦汉考古专家，陕西省考古研究院研究员、陕西省政府文史研究馆馆员。享受国务院特殊津贴。先后任陕西省考古研究所秦汉研究室主任，兼任秦始皇陵兵马俑、汉鼎湖宫、汉阳陵等考古队队长，省文物局高级职称评委会委员，文物鉴定委员会委员，西北大学文博学院兼职教授、研究生导师。现担任咸阳市文物考古研究所顾问、大西安秦文化研究院名誉院长。

已出版的学术专著 30 余部、历史考古读物 3 部、大型考古画册 1 部、《陕西考古学文献目录》2 部，发表学术论文与科教文章 150 篇以上，论著字数累计 2100 多万字。独立完成的学术专著有《秦都咸阳》、《咸阳帝都记》、《秦始皇陵研究》、《秦俑专题研究》、《秦陵彩绘铜车马》、《轻车锐骑带甲兵》、《解读秦俑——考古亲历者的视角》、《秦都与秦陵》、《汉都长安城建史》、《两汉长安城卷》、《考古队长说阳陵》、《汉景帝与阳陵》、《咸阳帝陵揽胜》、《秦始皇帝陵史话》、《汉阳陵史话》、《王学理秦汉考古文选》（第一辑）、《穿过逆风向秦汉——一位考古学者的汇亲历》，合著或主编撰稿的有《秦文化》《秦物质文化史》《秦物质文化通览》（上下）、《陕西历史地理沿革·历史地理述略》、《陕西古代简史》、《陕西风物志》、《秦俑一号坑考古发掘报告》（上下册）等。

目录

一

秦统一岭南及南越国的建立

（一）秦平岭南

公元前 221 年，秦始皇横扫六国，完成了自己统一中原的霸业，完成了中国有史以来的第一次大一统，创下了千古伟业，被誉为“千古一帝”。但这并不能满足秦始皇的勃勃雄心，他环顾天下，北有匈奴未平，南有百越未征。想建万世基业，两个自然都不能扔下，南征北讨，势在必行。

但是两相比较，始皇认为匈奴强悍难攻，而百越蛮荒之地，茹毛饮血，可以轻易拿下。所以北伐匈奴的任务交给了秦朝名将蒙恬，令其率兵 30 万北却

秦统一岭南进军示意图

秦造船遗址——1975 年第一次发掘揭开 1、2 号船台局部

匈奴，修筑长城。而南征百越的任务，则交给了名不见经传的屠睢。屠睢不过是一个“尉”级的军官，由他率 50 万大军南征百越，可见秦始皇对百越的轻视。据《淮南子 · 人间训》记载，秦朝 50 万大军分五路向岭南进发或驻守：一路“结余干之水”，即在江西余干集结，待命支援；一路“守九嶷之塞”，即驻守在毗邻今广东西北部的九嶷山（即今湖南省宁远县南）；一路“塞镡城之岭”，即驻守在广西的镡城之岭（即今湖南与广西交界的越城岭）；一路“守南野之界”，即扼守南野（即今江西省赣州市南康区南部），从江西与广东交界的大庾岭向南挺进；一路“处番禺之都”的秦军则从湖南出发，通过九嶷山要塞，过岭顺北江而下到达珠江三角洲，并占领了番禺，以这支秦军进军最为神速。

此次南征战时共 6 年，分两个阶段：第一阶段约 3 年。屠睢率领秦军，想要速战速决。五路大军齐头并进，迅速深入越地，并斩杀了西呕（瓯）首领译吁宋。但西瓯越人并未因此屈服，他们进入深山丛林，依仗地利，神出鬼没、顽强抵抗，打起了游击战，迫使秦军“三年不解甲弛弩”[1]。秦军如同陷入了泥沼，进退不得。屠睢也在战斗中中了冷箭，一命呜呼。主帅身死，剩下的残兵败将，苦苦支撑等待援军。加之岭南炎热，乃瘴疠之地，秦军病死、热死无数。更糟的是后勤粮草军备接应不上，岭南的秦军陷入了孤立无援、粮草匮乏的困境，战事陷入僵持状态。秦始皇不得不调整战略，采取守势，战争转入第二阶段。为解决战争急需的粮草和兵员的输送问题，秦始皇令史禄率领军民开凿灵渠(今广西省的兴安县，遗址仍存）。灵渠沟通了湘江和漓江水系，解决了秦军的后勤和援助补给问题。并由“一军处番禺之都”的任嚣为主帅，任吸取屠睢冒进失败的教训，带着他的副手赵佗，率秦军采取稳扎稳打、步步进逼的战略战术，岭南“陆事寡而水事众”，应水网地带的运输需要，在番禺（今广州中山四路“秦代造船遗址”）修建大型的造船基地，赶造船只，以供运兵运粮的急需。前后又过 3 年，终于在秦始皇三十三年（前 214）取得统一岭南战争的胜利，岭南大地正式归入秦帝国的版图。

秦统一岭南的版图

秦统一岭南后，在岭南设置南海、桂林、象三郡。郡下设县，南海郡的首府（郡治）在番禺（今广州）。任嚣为第一任南海郡尉，下辖博罗、龙川、番禺、揭阳四县，而副手赵佗当了龙川县令。他在岭南大力推广先进的封建政治制度、生产关系和生产技术，促进了岭南地区社会的发展。从此，岭南进入了有文献记载的历史发展阶段。在秦末汉初，南越大地出了一个传奇式的人物——赵佗，他成为岭南地区历史上叱咤风云的第一人。

（二）南越国的建立

根据《史记・南越列传》《汉书・西南夷两粤朝鲜传》记载，赵佗原籍赵国的真定，即今河北省正定县。他青年时代随秦军出征，英勇善战，在平定岭南的战役中屡立战功，被秦始皇任命为新设立的南海郡龙川县令。

秦统一后，虽然采取了一些促进社会发展的措施，但是，秦王朝的残暴统治和对人民的疯狂搜刮，给广大劳动人民带来了新的灾难，使农民阶级和地主阶级的直接矛盾日益激化。早在秦始皇在位时，就出现了如英布、彭越等所谓“群盗”，他们敢于与前来镇压的秦军对抗，沛县亭长刘邦也亡命深山，聚结势力。

秦始皇死后，胡亥即位为二世，其残暴程度有增无减。在二世的暴政下，人们摇手触禁，动辄受徭。人民对秦朝的统治已完全丧失了希望，“人与之为怨，家与之为仇”[2]。公元前 209 年，陈胜、吴广揭竿而起，农民起义军的烽火席卷中原大地。任嚣早有察觉，并着手实施其割据的构想，准备据岭而守，“一以休息其民，一以割据为天命，亦以身本秦将，姑待诸侯之变而不忍言共诛无道也”[3]。无奈，陈、吴起义后不久，任嚣病重，他临终召来心腹——龙川县令赵佗，委托赵佗代理南海都尉一职，并留下遗嘱：封关绝道，保境安民。任嚣死后，赵佗接掌了南海尉事。他行动迅速，措施得力，果然不负任嚣所托。首先他派出多路兵马，断绝了经由五岭通往岭北的秦开新道，堵住了中原农民起义的战火向岭南蔓延。又发兵兼并桂林、象郡，岭南大地全在他掌控之中。此时，中原地区硝烟四起，楚汉战争一打数年。“可以立国”的时机到了，赵佗于公元前 203 年据岭南之地，以番禺（今广州）为都城，建立南越国，自号“南越武王”。

赵佗在岭南称王时，正是刘邦和项羽逐鹿中原、争夺帝位之际。公元前 202 年，汉高祖刘邦虽打败项羽，建立西汉王朝，但由于连年战乱，民生凋敝。出于休养、稳定政权的需要，汉高祖对南越国采取了怀柔政策。汉高祖十一年（前 196），派陆贾出使南越，诏封赵佗为南越王。其时，南越立国亦仅有 12 年，国力单薄，赵佗从大局出发接受汉廷的册封，成为大汉王朝的一个藩国，与北邻的吴氏长沙国同为异姓王。中央和地方的和谐统一，使得岭南的老百姓得以休养生息，安居乐业。

公元前 195 年，汉高祖去世，惠帝继位，汉越友好往来仍得以继续发展。但好景不长，七年后惠帝崩，吕后掌权。她一反汉高祖对南越的怀柔政策，实行民族歧视。公元前 185 年禁止与南越的关市买卖金（铜）铁田器，运输到南越的牲口，只准是公的，不准是母的，以破坏南越的生产，扼杀其经济发展，并捣毁赵佗父母墓冢，还株连其兄弟宗族。赵佗三次派出使臣到汉廷谢罪，请求解禁，皆遭吕后拒绝，吕后甚至把使臣扣押起来，导致汉越交恶。于是赵佗借口说这是北邻长沙王捣的鬼，发兵攻长沙国，“败数县而还”。公元前 183 年，赵佗“自尊号为南越武帝”，“乃乘黄屋左纛，称制，与中国侔”[4]。以示与吕后掌权的汉王朝分庭抗礼。吕后听闻大怒，派十万兵马讨伐南越。赵佗早有准备，在南岭上驻兵“据险筑城”[5]，占据了战略要地，汉军进展不利，同时“会暑湿，（汉）士卒大疫”，“兵不能逾岭”[6]。最终，汉军只得退兵长沙。吕后出兵南越，不但没有达到降服赵佗的目的，反而使南越国的威望大大提高，南越国势力的影响范围大大拓展，同时，赵佗在国内的统治也更加稳固了。

公元前 179 年，吕后病死，汉文帝即位，恢复刘邦与南越修好的政策。先是重修了赵佗先人的墓地，给他的亲戚以官禄，又罢免吕后时派驻长沙国准备进攻南越国的将军，再次派陆贾出使南越恢复旧好。赵佗被汉文帝的真诚态度感动，于是下令“去帝制、黄屋、克纛”，表示“愿奉明诏，长为藩臣，奉贡职”[7]，汉越关系重新和好。直到汉景帝时代，赵佗都向汉朝称臣，每年派人到长安朝见汉朝皇帝，接受汉朝皇帝的命令。但是在南越国内，赵佗仍然用着皇帝的名号。

赵佗不单是一个英勇善战的骁将，其治国也“甚有文理”[8]。政治制度仿效秦汉，同时推行尊重当地越人的风俗习惯，倡导汉人与越人通婚，还委任越人的首领为国家重臣，改变南越人强悍好斗的社会风气，促进民族和睦团结、社会安定。加上秦统一岭南之后，南下秦军就地留戍，又有商贾、罪吏等被流放到岭南来，与南越人“杂处”，他们带来了中原汉人的知识和先进的生产工具与生产技术，推动了南越的社会进步和生产大发展。

赵佗是建立岭南第一个封建地方政权的开国之君，在南越国 93 年的历史中，赵佗统治岭南达 67 年之久。如果说南越国是岭南开发历史上的第一个发展期，那么赵佗在位期间既是南越国的奠基期，亦是国力最强大的时期。

据《史记·南越列传》载，南越国立国 93 年，传五主：一主赵佗，为开国之君，于汉武帝建元四年（前 137）卒，寿过百岁。二主赵胡，是赵佗的次孙，在位前后约 16 年。三主赵婴齐，在位约 10 年。四主与五主前后共 3 年，因兄弟阋墙，宫廷内乱，越人丞相吕嘉反对归附汉朝，发动叛乱，四主赵兴被杀。末代王赵建德是在汉武帝元鼎六年（前 111）在南越国时被俘杀，南越国亡。至此，岭南大地结束了从秦始皇三十三年到汉武帝元鼎六年共 103 年的藩国分治，回归汉皇朝的统治，成为汉帝国的南疆。

注释：

1.《淮南子·人间训》。

2.《汉书·贾邹枚路传》。

3.《翁山文钞》卷 3。

4、6、7.《史记·南越列传》。

5.《南越五主传·先主传》。

8.《汉书·西南夷两粤朝鲜传》。

二

王陵的发现

（一）王陵的有关记载

南越国从开国之君赵佗至五主赵建德，虽皆卒于南越，但在《史记》《汉书》中对南越所作的记载皆着重在政治及汉越关系的史事，对五主身后的丧葬事全无涉及。南越国是岭南历史上第一个地方政权，立国近百年。千百年来有关南越诸王陵备受关注，成为人们寻找的目标。目前所见最早记述赵佗墓情况的是晋人王范《交广春秋》所载："越王生有奉制称藩之节，死有秘奥神秘之墓。佗之葬也，因山为坟，其陇茔可谓奢大，葬积珍玩。吴时遣使发掘其墓，求索棺柩，凿山破石，费日损力，卒无所获。佗虽奢僭，慎终其身，乃令后人不知其处。"

5 世纪南朝宋沈怀远的《南越志》中有两则记载，一说："佗墓自鸡笼岗以北至此山，连岗属岭，吴黄武五年使交趾治中从事吕瑜，访凿佗墓，自天井岗至此山。功费弥多，卒不可得。"

另一说：孙权时闻佗墓多以异宝为殉，乃发卒数千人，寻掘其冢，竟不可得。次掘婴齐墓，得玉玺、金印、铜剑之属，而佗墓卒无所知者。赵佗死于武帝之初，至孙权时才三百余年，但已经是不可寻掘，时至今两千余年，更是无从考证。

北宋郑熊在《番禺杂志》中说得更为诡秘："赵佗疑冢在县东北二百步，相传佗死营墓数处，及葬，丧车从四门出，故不知墓之所在。"

如此种种的记载，均说明南越王赵佗的陵墓隐藏得非常神秘，而且赵佗故布疑阵，在生前修造了许多墓，死后出葬时，丧车四门出，让人分不出真假，到三国孙吴时已不知道赵佗的墓到底在哪里了。

直至1916年，广东台山人黄葵石在广州市东山龟岗买下一块地建住宅，在挖地基时不经意发现了一座大型西汉木椁墓。出土有铜器、陶器、玉器、两千多枚铜半两钱、数枚五铢钱等随葬品，还发现木椁板上有隶书刻字，其中可辨认的有“甫五”“甫六”“甫七”“甫八”“甫九”“甫十”“甫十一”“甫十二”“甫十三”“甫十四”“甫十五”“甫十六”“甫十七”“甫十八”“甫廿”共15件。这是20世纪初广州考古界的一件大事，轰动一时。许多研究者认为这就是当年孙权派吕瑜将军来广州寻而未获的南越国第二代“南越文王胡冢”，连著名学者王国维也参与了考证。遗憾的是，这只是推测，并拿不出有力的物证说明这是第二代南越王的陵寝。但根据出土的陶器、铜器等可以断定这是西汉初年，即南越国时期的一座大型木椁墓。

（二）寻找之路

1. 从未停止的脚步

灵魂不灭的观念产生于旧石器时代中期以前，这种观念认为人死灵魂不灭，仍能祸福子孙、干预人事，因此丧葬成为古人生活中的要事。秦汉时期，传统的灵魂不灭观念有较大的发展，人们坚信人死后灵魂不灭，还会在另一个世界里继续生活，所以厚葬便成为这一时期丧葬习俗中最显著的特色。秦始皇陵是众所周知的典范，据文献记载，陵高五十丈（约115米），方圆达五里（2500米）之大[1]。为修建这一规模巨大的陵园，秦始皇征集七十多万名民工，前后延续了三十余年。“穿三泉，下铜而致椁，宫观百官奇器珍怪徙臧满之。令匠作机弩矢，有所穿近者，辄射之。以水银为百川江河大海，机相灌输，上具天文，下具地理。以人鱼膏为烛，度不灭者久之”[2]。从秦始皇陵东侧的兵马俑坑，出土的气势宏伟的兵马俑、富丽堂皇的铜车马中，我们可以想见陵墓主体是何等豪华宏丽。

汉代帝王的厚葬现象也十分突出。《晋书·索琳传》记有：“汉天子即位一年而为陵，天下贡献三分之一，一供宗庙，一供宾客，一充山陵。”从今西安西北方渭河两岸一座座栉比鳞次、气势恢弘的汉代陵墓群来看，《晋书》的记载非常可信。据《长安志》引《关中志》记：西汉陵墓一般高汉尺十二丈，方一百二十步。其中规模最大的茂陵则高十四丈，方一百四十步。1962 年考古实测，现高 46.5 米，顶部东西长 39.5 米，南北宽 35.5 米，陵底边长 240 米；陵园垣墙长 430 米，南北宽 414.87 米[3]。远观如同一座削去尖顶的金字塔，非常宏伟高大。据文献记载其随葬品尽是奇珍异宝，使后世为之惊叹不已。上行而下效，各诸侯王、权贵皇戚对其身后之事亦极是奢侈，令人瞠目结舌。

从大量的文献和考古资料来看，秦汉帝王、诸侯王这种“事死如生”的丧葬观，不仅表现在墓室的形制和结构上模仿现实生活中的地面住宅，而且在随葬品方面也是应有尽有，几乎包括了生前衣食住行各方面所用的器物。修建如此巨大的陵墓，需要花费很长的时间，因此，诸侯王活着时就要动工修建自己的陵墓，文献中称之为“豫作寿冢”[4]。

岭南濒临南海，都城番禺又是岭南地区各种特产的集散地，珍宝充积。南越王在世时搜罗许多奇珍异宝供自己享用，死后承袭厚葬之风，墓中“葬积珍玩”[5]，应是可信的。对于这位岭南历史年代上最早、身份最高的人物，其墓葬一直为人们所关注。

1931 年，广州黄花考古学院在镇海楼的广州市立博物院成立，标志着岭南地区现代考古学的萌生与开始。1931 年和 1932 年两年间，他们先后在东郊、西郊和北郊的多处地点发掘汉、晋、南朝古墓及清初尚可喜的王府遗址，可惜难以为继。中华人民共和国成立后，20 世纪 50 年代初，广州市文物管理委员会成立，下设考古组，这是配合广州市各项基本建设工程的动土施工开展田野考古调查发掘的专门机构。由此，现代的田野考古发掘在广州蓬勃兴起。探寻南越王陵被列为重点调查的项目，考古人员试图由此拨开历史迷雾。

1953 年 1 月，考古队在西郊一处俗称石头岗的工地清理一座秦代木椁墓，出土有陶、铜、漆、木、玉等器物，同时出土的还有一个盖面有“番禺”两字烙印的漆器，这是广州古地名所见出土文物的最早实例。可惜发现时木椁被破坏，出土器物亦全被取出。由此，考古人员担心，万一某一天，推土机先于他们把南越王陵推毁，或者在发现初时人们一哄而上，将考古现场扰乱了，遗物弄毁了，甚至散失了，这都是不可弥补的损失。所以，做好调查，加强宣传，提高人们对文物保护的意识是考古人的责任。鉴于秦汉以来皇陵都在城的远郊，要么是依山为坟，要么有个大封土堆的特点，结合现代田野考古知识，判断当年南越国的赵佗也会承袭汉制，其陵墓应修建在稍远的山峦深处。由此，将调查、探寻的目标重点放在广州城外远郊县区的荒野之中。近 30 年来，在近百处工地的调查发掘中，已发现了几十处汉墓群，其中在市郊的华侨新村、二望岗、王圣堂、淘金坑等多处地点发现了南越国时期的墓群，出土有“梁奋”“臣奋”“辛偃”“臣偃”“赵安”“李嘉”“赵望之”等南越国官吏的印章。但当中出土随葬器物中的印章及陶器、漆器上的铭文，在《史记》《汉书》中无迹可寻。到了 20 世纪 80 年代初期，已发现的南越时期的墓有 200 余座，但神秘的南越王陵仍然未见踪影，或可说明王陵还在地下保存着未受破坏。

2. 20 世纪 80 年代初期，在象岗上的发现

1983 年 6 月 9 日的上午，一个紧急的电话打到广州市文管会，报告在象岗工地挖墙坑时疑似发现大墓，请求立即派人到现场处理。文管会考古队是有报必查，凡接到举报发现古物的线索，都要查个水落石出。队员们宁可白跑百次，也不放过一次。没有想到这次，幸运之神向考古队员招手。

当考古队的麦英豪同志（时任广州市文物管理委员会办公室考古队队长）推着自行车上到象岗顶工地时，满眼红黄色的沙土地上已开挖的三竖一横像个“山”字的 4 条墙坑下，都有大石板露出，覆盖石板上的土是经过分层夯打的灰黄色沙土，异常坚硬。从石缝处看到下面是石头建筑，因此时近中午，下面却仍是漆黑一团，借助强烈的直射阳光，在红砂墙壁面有一点反射光线，隐约见到一个侧卧的铜鼎。“难道是一座明墓？”麦英豪心中默念着。1964 年在广州的东山曾经发掘过一座明代的太监墓，墓壁也是用红砂岩砌筑，规模宏大，与此类似。眼下所见，是座古墓无疑，见到的那个铜鼎说不定还是仿古的祭器呢。这时工地的邓钦友科长拿来手电筒，伸入石缝下，但无济于事。此刻，围观的人愈来愈多，看来白天勘察实在不便，经与工地办公室商定，把现场封存保护，待晚上考古队再继续探察。

入夜，麦英豪带领考古队员一行再次来到象岗工地，邓科长和驻工地的几位工程人员也许出于好奇，早已等着。队员把白天封护洞口的木板和泥土揭去之后，再从石缝的另一端用竹签沿石板边沿清理，很快就捅出一条 2 米长的尖

状窄缝，其东头最宽处有 0.3 米。当手电筒再次伸入洞中，随着光柱的移动，铜鼎看得很清楚了，这让在场的考古队员大吃一惊，有点不敢相信自己的眼睛，这是一个造型考究的战国年间的楚式铜鼎啊！这时，麦英豪也顾不上身上衣服的整洁，干脆全身趴在地上，脸尽量靠贴石缝。这样，视线扩大了，离铜鼎不远处还有三足小罐、大口罐等几件陶器，这都是西汉初年南越国时期的越式陶器。随手电光照到西边石墙上，朱墨两色彩绘的云气纹清晰可见，东墙也有，与楚国漆器上的云气纹图样极为相似。“好家伙，这不是明墓，而是一座南越大墓！”麦英豪一时控制不住，兴奋得大叫起来，其他队员闻声纷纷围拢过来，一个个趴在地上轮番地“朝拜墓主”。再仔细检查墓顶的大石板，发现每块大石板长近 3 米，宽 1 米多，厚达 0.5 米左右，每块重达两三吨。此墓构建得非常严实，这样大型的石室墓，过去岭南地区是从未见过的。能拥有如此规模的墓葬，墓主人的身份一定非凡。广州地区至今虽发现数以千计的汉墓，但大墓却不多，而且有不少已被盗扰过。南越王陵，是广州考古的最大希望，但它又是那么的神秘，那样不可捉摸，今天，这座南越国时期的石室大墓，会是队员们魂牵梦绕的南越王陵吗?

根据天气预报，广州将有大雨至暴雨。现在石室墓的顶部已经暴露了，如果大雨到来，雨水顺石缝大量灌进墓内，后果将不堪设想，必须马上采取应急措施。队员们来到工地办公室和邓科长及工地工程人员商量应急办法，工地负责人表示，工地有的是竹、木、油毡，现在就可以按要求动手设计，当晚通宵施工，第二天早上就可以盖起一座防雨大棚。第二天下午，一座长 10 米、宽 6 米的防雨油毡大棚搭起来了。不出所料，6 月 12 号广州就下了一场倾盆大雨，雨下了将近两个小时，工地上到处是积水，非常泥泞。好在有了大棚，加上之前在外围筑起土堤，挖了排水沟，防止积水进入墓地，真是万幸。否则，这场大雨的积水和泥浆水倒灌入墓内，后果不堪设想。

6 月 10 日下午，队员们再到工地，把开挖墙坑露出的墓室顶盖石板逐一清理，准备晚上再来仔细地探察。入夜，黑色的天幕笼罩着象岗。虽然邓科长已在墓地临时安装了电灯照明，但远一点就什么也看不清楚了，象岗被笼罩在一片极其神秘的气氛中。从现在看到的器物可以判断古墓的年代，还要搞清楚是否被盗，这对清理发掘至关重要。要搞清，就得派人下去探个究竟，但这样贸然下去，安全吗？这个难题摆在队员们眼前。经商议，决定由身材最为高瘦的黄淼章下墓一探究竟。麦英豪一再叮嘱道："现在下面情况未明，务必小心，千万注意安全，下去后，要看清各部位的情况，注意保存墓内迹象，不要心急，尽量做到进退均踩同一个脚印，闻到有不明气味或听到异响，迅速靠贴墙壁往回撤。"黄淼章点点头，拿起一根长竹竿插入石缝，借助这根长竹竿，他成为第一个进入古墓"探险"的广州考古队员。黄淼章在当天的工作日记里是这样写的：

6月10日……一根长竹竿从石板缝中伸下了墓室。我身挎手电筒，在同事陈伟汉的帮扶下，沿着竹竿慢慢滑下去。顿时，一股腐朽而又潮湿的气味扑面而来，我骤感一阵阴冷，浑身麻酥酥的。我小心地选好落脚的地方，抬头一望，墓顶由一块大石板覆盖着，但已断裂，有将近10厘米的错位，好像就要崩塌下来似的，使这幽深的冥宫更显得阴森可怕。我惊魂未定，又被眼前的景象吸引住了，原来石墙和墓顶都绘有云气纹的图形，历千年仍色彩斑斓。原来我落脚的地方是古墓的前室，东西两边各有一个耳室，有过道通入，过道口的顶石也有较大的错位，看上去随时都会倒塌，真吓人！

我轻步弓腰跨到东耳室门口，凭借手电筒的光柱，映入眼帘的是一块从室顶上坍塌下的盖石，打横斜在耳室当中，把我挡住了，室内有斑驳陆离的大铜壶、铜钫倒卧一旁，还有铜提筒等。最令我惊异的是沿着石墙脚下一个个铜编钟，一件件石编磬整齐地排列着，编钟上还见到已朽坏的漆木架的残痕，仿佛墓主刚离去，那悠扬的钟乐声依稀在室中回荡。由于受到塌下来的墓石阻隔，耳室后部的情况就未看清楚了，从我的经验判断，这座大墓下葬以后还没有人在我之前涉足过。一句话，古墓没有被盗！

接着我又小心翼翼地转向西耳室，见到过道口排满器物，根本不能进入。几十个小铜鼎，捆缚成束的铜勺，成堆的小陶罐、小陶鼎依次在过道口整齐地排列着，室内好像有一层覆盖物把下面许多东西覆着似的。这时手电筒的光似乎也在捉弄人，照到覆盖物的表层竟暗淡无光，远一点就看不清楚了。

前室南面的两扇石门已开口，石门板稍向内倒斜，沙土从石门开口处卸入形成斜坡状的土堆，掩了门板一半。北面还有一道石门，门板有云纹彩画，关闭得紧紧的，我从门缝往里看一下，什么也看不到，推一下，动也不动。

我意识到两个耳室一定埋有许多宝藏，太好了，真想不到，今晚上自己成了这座封闭两千年古墓的第一位不速之客，霎时似在梦幻之中。突然想起《天方夜谭》中阿里巴巴发现财宝时的神情，而现在的我连“芝麻芝麻开门吧”这句咒语都来不及说。置身于这处古代宝藏之中，激动的心情难以言状……

这篇日记今天读起来仍有身临其境般的感受。

其余几位队员一直守候在石板缝口，看着小黄下去后，转眼不见了，整整过去了 30 秒，无声无息，急着向下发问：“下面情况怎样，看到随葬品吗？”连续发问多次未听到回答，此刻，在墓里的小黄竟因惊愕忘记了回答。地面队员再次大声往下发话。“有宝，太多了，太多了！”激动之中，黄淼章竟说不出随葬品的名称，只是机械地感叹。

黄淼章小心地从东耳室钟架下取了一个铜钟，从前室拿了一件大玉璧，再从西耳室过道口取了一个陶罐的盖子，并逐一记下了它们的位置，然后把所取器物带出以便做鉴定。

就这样，两千年后第一位不请自来的客人——广州考古队成员黄淼章，在象岗古墓内停留了十来分钟。同事们七手八脚地把他从板缝口拉上来，他迫不及待地说道：“只下到墓的前室，两边还有用大石砌筑的耳室，里面塞满珍宝。看来，墓室未曾被盗过……”那太好了！麦英豪回想自己踏入市文管会办公室之门至今整整 30 年了，在广州从事田野考古工作，做梦都想有朝一日能碰上赵佗的陵墓（或其子孙的墓也好），能参与发掘与保护是最大的幸事。早在 20 世纪五六十年代在多处工地发掘了南越国时期墓葬，但始终未碰上南越王陵。期间也曾两次上象岗做田野调查，但未到岗腰就被一个“军事禁区”的大牌子挡住了（中华人民共和国成立后象岗一直被划为军事禁区，直至 20 世纪 70 年代）。20 世纪 70 年代后期兴建中国大酒店，在象岗的北坡平土方，考古队也去调查过几次，未见重要的遗迹。

从地面勘查得知，墓坑呈“士”字形，南北长 10.85 米，东西最宽处为 12.5 米，建筑面积只有 100 平方米左右。论面积虽不算大，但比之 30 年来广州发掘的南越墓群中的大型木椁墓，却要大出许多倍。而且它还是一座石室墓，岭南地区尚属首见，极为独特。由此推断，此墓不是南越一主赵佗的就是二主赵胡的陵墓。

（三）象岗的“前世今生”

1. 象岗的由来及其重大改变

广州古称番禺，从秦始皇统一岭南置郡县后，番禺一直是南海郡的首府。当时的番禺城是一座山水之城，它背靠越秀、白云两山，南临珠江。越秀山是白云山向西南走向的余脉，由7座石英砾岩为主体的山岗组成，主峰越井岗（后称观音山），海拔68米，其西邻芝兰湖有一座小山岗叫象岗，海拔49.71米。南北纵长，因其形似大象，故名。

明初，因兴建广州城的北门，于是开凿象岗，象岗与越秀山断开，象岗成为一座孤立的山岗。象岗初时叫固岗，后来又叫席帽山、中和山和象山，到明代称象岗。南越王墓埋在象岗之事，在广州的历史文献中找不到任何蛛丝马迹。晋人顾微《广州记》提到番禺的东南面有固岗，高数十丈。更有传说，南越国时赵佗在固岗建有遥拜汉朝皇帝的“朝汉台”，是赵佗归汉“筑台以朝天子”的礼坛。唐代，广州刺史李玭因敬慕赵佗，认为他顾大局，接受汉高祖给他的“南越王”封号，化解了汉越之间的战争，为岭南创造了一个百年的安定发展的环境。

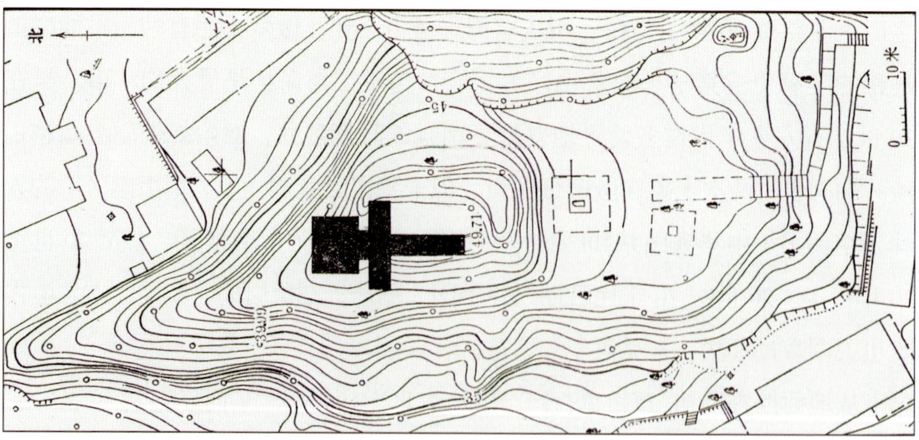

南越王墓位置示意图

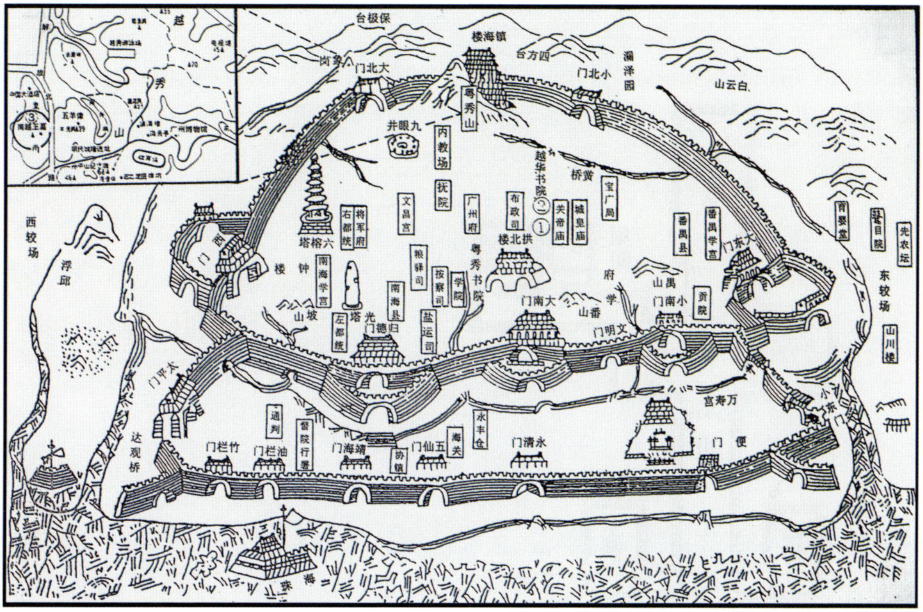

明清时期广州城区图

于是在象岗上修筑一座“余慕亭”。昔日，象岗一带林木参天，是羊城人登高游憩的好地方。“象岗樵歌”为明代羊城八景之一。象岗西侧的芝兰湖，唐宋时作为西江航运的避风港，到明代才淤塞，至清被填平。而今留有一个“兰湖里”的地名。清顺治十年（1653）在象岗筑“拱极”炮台，与北面桂花岗的“保极”炮台和东面越秀山的“永康”炮台形成三足鼎立之势，是广州城北的防御要塞。象岗1900年到20世纪60年代一直被划为军事禁区，20世纪70年代解禁后，城市发展，沿岗脚下陆续建起了公寓。1981年，中国大酒店在象岗北面兴建，把象岗的北面削去，仅留岗顶，如一孤堆。接着，省政府办公厅把这个孤堆削低17米，平整出一块有5000平方米的地盘，计划在此建造三幢宿舍。正当北面的第一幢宿舍楼开挖墙坑基础时，就碰到了南越王墓的顶盖大石板，从而揭开了沉封了两千多年的南越王陵的神秘面纱。

2. 王陵及其棺椁的形制

秦汉的帝陵只作地面勘查，仅发掘了部分陪葬墓、陪葬坑。骊山的秦始皇陵和陕西渭河两岸的11座西汉帝陵里那些深藏地下的墓室情况不得而知。汉代诸侯王（包括王后）的王陵不少于40座，据其营造大体上可分为三种情况：

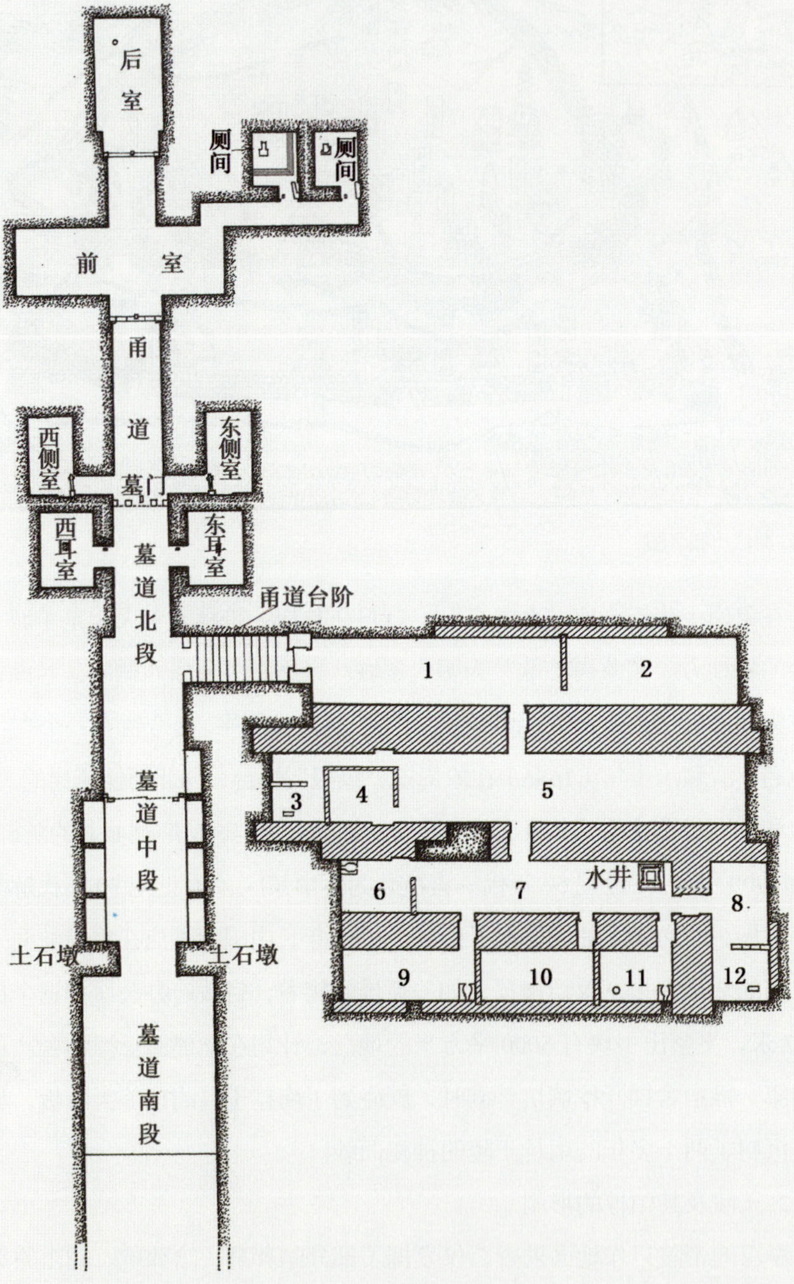

徐州北洞山楚王墓平面图

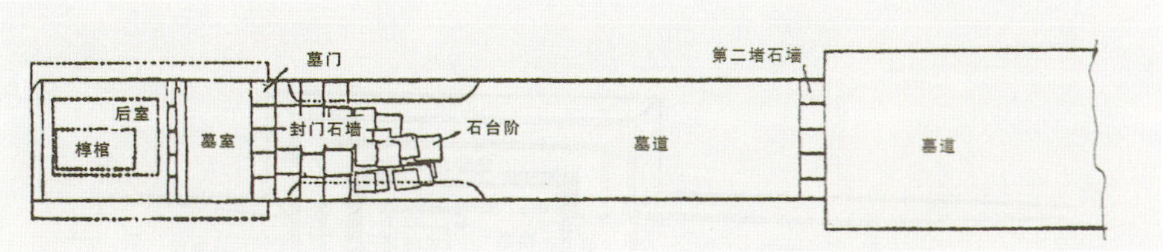

山东巨野昌邑王刘髆墓平面图

一是崖洞墓，墓穴选择在山岗上营造，穿凿在山腹中，工程浩大。如徐州狮子山楚王陵（前 154）和河北满城中山王刘胜墓及其妻窦绾墓（前 113）。其中狮子山楚王陵全长 117 米，内有 12 个室，因早年被盗，仅有 3 个室幸免，出土遗物 2000 多件，其中玉器 200 多件（套），铜官印、封泥 240 枚，还有铜半两钱 20 余万枚，可以想见埋葬时的“厚资多藏”；二是竖穴土石坑墓，在山岗顶上开挖竖穴，然后在坑内构筑石室或木椁。如山东巨野昌邑王刘髆（前 87）王陵，墓室的左、右、后三壁是原坑壁，紧贴前面封门石墙再叠砌三层石板封堵，石顶是先架构一个棚架，在上面再铺四层石板作盖顶。此墓发掘时木棚架已朽腐，石板全塌下，幸好墓未被盗，从中发掘出土文物 1000 多件；三是在山岗的坡麓上开挖竖坑，用木材构筑的“黄肠（柏木）题凑”。如著名的湖南长沙象鼻嘴吴氏某代长沙王的陵墓即为“黄肠题凑墓”，其竖穴的墓坑为 387.49 平方米，深 7.9 米，在坑底堆叠“黄肠题凑”，其外椁、内椁房形如回廊，分隔出 10 个小室，棺房中置梓木的三套棺。还有，1974 年发掘的北京大葆台

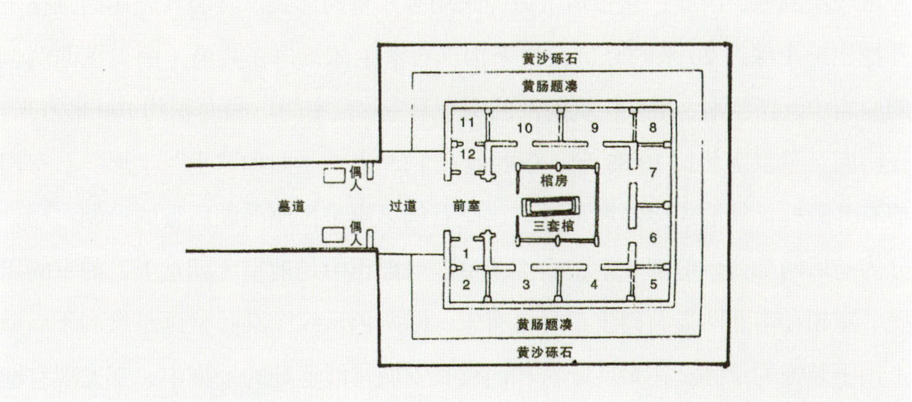

吴氏某代长沙王墓平面图

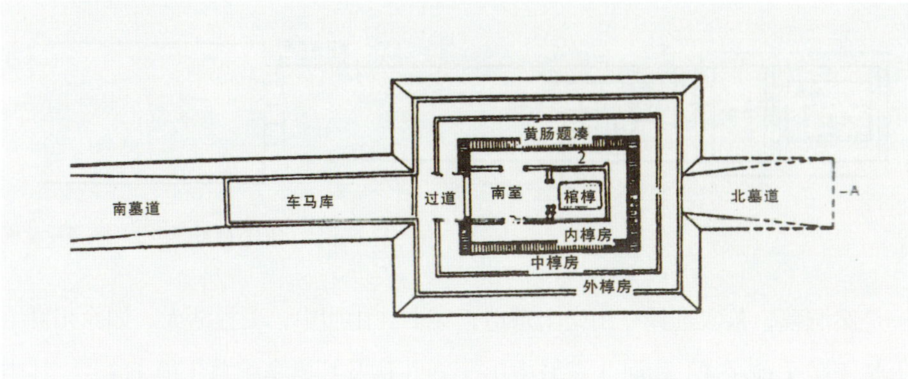

大葆台广阳顷王刘建墓平面图

广阳顷王刘建的王陵（前 45），周壁的“黄肠题凑”椁室是用 15000 多根长 0.9 米、宽厚 0.1 米的柏木叠砌而成，棺房中置五套棺椁，外椁用楠木，内椁为梓木。据汉制，皇帝、皇后的棺材用梓木，称“梓宫”[6]。由此可见，两汉时南北两地的诸侯王、富家贵戚在礼俗上往往“僭越”，大肆铺张。上述的前两种是以山岗为墓丘，不另起坟堆。

象岗南越王墓座落于岗顶的高峰之下。西汉时期，象岗处于南越国都城——番禺城的西北角，属于都城的近郊。赵眜选择此地建墓，符合王陵建于国都附近的时代风尚。其陵墓营造以竖穴墓的形制为主，兼用崖洞墓的形制，是一座形制独特的陵墓。象岗山的原生岩为石英砂岩，南越王选此地建陵寝，想必是要建一座隐藏山中豪华的崖洞墓。但环境不由人，鉴于当时的开凿工具，无法开凿成崖洞墓，因此，它整体上只能采用竖穴墓的形式。其竖穴是由岗顶往下开挖出一个深逾 20 米的竖坑，用来构筑石室主体，再在其前（南）东西两侧的原岩中开凿横洞，用来构筑前部的两个耳室。墓室的坑底面积约 100 平方米，正南向。墓室南北长 10.85 米，东西最宽 12.5 米，平面如“士”字形。石室门前有外藏椁，其前连接斜坡墓道。这座石构墓室是按照前朝后寝的形制布局，分为前后两部分，前部 3 室，后部 4 室。前部正中是前室（朝堂），前室的周壁、室顶和南北两道石门上都彩绘有朱、墨两色云纹图案。壁画是绘制于墙壁上用于装饰的绘画。在秦咸阳宫和西汉长安城宫殿遗址的发掘中，都发现有壁画残片。但属西汉中期的大型王、侯陵墓内，很少发现壁画，所以，南越王墓

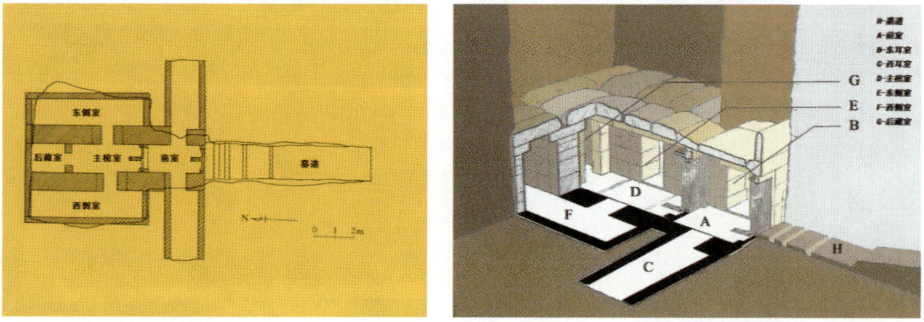

南越王墓平面图、墓室剖面图

的壁画，是西汉中期十分珍贵的绘画资料，对研究中国古代绘画、壁画艺术史有重要的价值。东（左）、西（右）两边的耳室大小相仿。后部4室，主棺室（寝宫）居中，置一棺一椁。东（左）、西（右）两边为侧室，主棺室的后面为后藏室。在主棺室南端设石门，以此分隔为前朝后寝的格局，其余各室间均设置有木门。石室之上的回填土是另外选取红黄色土掺粗砂分层夯填，现存5层，每层厚约0.15米。夯打坚实。墓门外的外藏椁长4.12米，与墓室底齐平。椁南为墓道，呈斜坡式，直达岗表。外藏椁和墓道是以一层红黄沙土与一层顽石相间回填的，这样的封堵显然有防盗的用意。

棺椁是墓葬的中心，是全墓最重要的部分。汉代以前，贵族大墓中棺椁的使用有一套十分严格的礼制。天子五层棺，诸公四层棺，侯、伯、子、男之爵三层棺，大夫二层棺，士一层棺。大量的考古资料表明，这种关于用棺数量的葬制是客观存在的。如西汉早期长沙马王堆1号墓是一椁四棺。河北大葆台1号墓，是五层套棺，与天子之制相吻合。西汉中期，墓葬形制开始摆脱了先秦礼制的束缚，放弃了用多层棺的旧制，一般使用一棺一椁，如满城1号墓，巨野红土山墓。更有单棺无椁，如满城2号墓。象岗南越王墓使用的则是一棺一椁。

南越王墓的棺椁均已腐朽不存。发掘过程中，考古队员只能根据所留的一部分板灰痕及原钉嵌在椁板上的6个大铜铺首的出土位置，并参照棺椁内随葬器物的排列情形，大体推知棺椁的长宽尺寸，外椁长约3.3米，宽约1米，高度不详。再依玉衣及两侧和头足间随葬物品出土位置推算，内棺长约2.2米，宽约0.75米，高度不详。从现场采集的漆皮中，推知外椁表里均髹漆，外黑内红，

棺椁的结构复原图

外椁表面漆皮为黑漆地，用绿、黄、朱三色绘流云纹图案。据此可知外椁周壁原有彩绘纹饰。内棺残漆皮内朱外黑，无纹样。

南越王墓棺椁内的空间虽小，但出土的随葬物非常丰富。从出土情况判断，原椁面除四角每处放置 1 块大玉璧外，椁盖上还放置有成捆的箭镞、铅弹丸、弓弩及铜车饰等。外椁和内棺的左右侧壁是紧贴的，但头足两处却留出较大的空间，用来放置随葬物。棺头前留有约 0.5 米 ×1 米的空位，形成“头箱”，内平置两具漆奁，已朽。右边的漆奁原装满珍珠，有 7 块大玉璧。左边的漆奁装着有钻凿痕迹的龟板。在这两具漆奁后还有一批精致的玉器，计有青玉角杯、鎏金铜框镶玉盖杯、玉盒各 1 件，玉带钩 3 件，嵌宝石银带钩、铜带钩各 1 件。这些器物原用丝织物包裹。棺的后部约有 0.4 米 ×1 米的空位，形成“足箱”。内放有 139 件陶璧，当中放有 1 个银盒，盒内遗存药丸半盒。值得注意的是，这批陶璧底还垫有 2 块大玉璧，可理解为整批陶璧寓作玉璧随葬。棺内有一套丝缕玉衣殓服，还铺垫了 29 块玉璧。玉衣两侧除玉璧、玉璜外，还出土 10 把铁剑，其中 5 把是玉具剑。头罩顶及两侧置多件精美玉饰，包括兽首衔璧佩、虎头金钩扣玉龙带钩、凤纹牌形佩、透雕龙凤纹重环玉佩。头罩上有 8 片杏形金叶片饰，原是缝缀在绢帛上的一块面幕，即所谓的“幎目”[7]。玉衣胸腹处有一套组玉佩、珠襦及 3 组 9 枚印章。

玉衣内墓主人的骨殖大部分已腐朽，只余腐朽成粉末状的骨渣，但整个骨架形态还是可看得出来。葬式为仰身直肢，头北足南，面部朝上，微向右偏。上肢微内曲，两手合拢按在玉衣腹部的组玉璧上，下肢伸直。经体质人类学家对残存的颅骨、牙齿进行鉴定，墓主为男性，年龄在 40—45 岁，身高 170 厘米。另外，墓主生前有牙周病。特别有趣的是，在玉衣里面、玉衣内贴身铺垫的玉

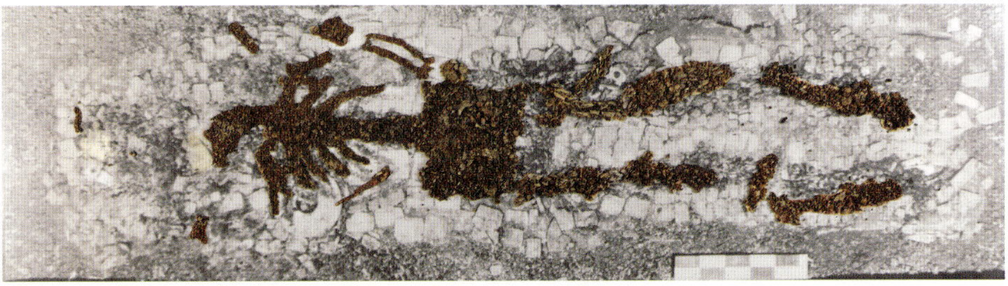

墓主人的遗骸

墓主人残存的头盖骨和牙齿

壁与残存的骨骼上，都未发现有任何属于衣服织物的遗痕，这个情况也许可以说明，墓主人入殓时是赤身穿套玉衣的。这一情况在已发掘王陵中是独一无二的，或许是南越国的葬俗吧。

注释：

1.《汉书·楚元王传》。

2.《史记·秦始皇本纪》。

3.《考古》1964 年第 2 期《陕西兴平县茂陵勘查》。

4.《后汉书·宦者列传·侯览》。

5. [晋] 王范，《交广春秋》。

6.《汉书·霍光传》。

7.《仪礼·士丧礼》：“幎目用缁，方二尺，赪裹，着组系。”

三

精心筹划紧张准备

（一）中央和地方政府的重视

1. 进京汇报 运筹决策

广州考古队经过 3 天的地面勘察，对古墓规模、建筑式样以至墓葬的年代等有了初步材料。根据当时《文物法》要求：“需要配合建设工程进行发掘工作，应由省、自治区、直辖市文化行政管理部门在勘探工作的基础上提出发掘计划，报国家文化行政管理部门会同中国科学院审查，由国家文化行政管理部门批准”，考古队把象岗古墓发现经过和勘察情况于 6 月 11 日报告广东省文物管理委员会，并于同日给国家文物局拍发了电报，对古墓发现情况做了简要的报告。与此同时，队员们着手准备发现、勘察及发掘计划的详细书面材料。很快接到中央的复电：“发现重要，请即派专人到京汇报。”市文化局决定由时任广州市文化局副局长饶志忠和时任广州市文物管理委员会办公室考古队队长麦英豪到北京汇报详情。

饶志忠副局长和麦英豪队长两人于 6 月 15 日上午来到国家文物局，谢辰生秘书长、沈竹副局长和文物处处长黄景略、文物出版社副社长高履芳、文物保护研究所所长蔡学昌还有《文物》月刊编辑朱启新等早已等在会议室了，他们听取了有关古墓发现、勘察等情况，了解到古墓的结构以及必要的安全保护措施后，都很兴奋，又认真地鉴认了从古墓中临时取出的几件器物。沈竹副局长指出：“勘察材料相当详细，这个发现很重要，不亚于长沙马王堆汉墓，你们要组织好人力，要进行科学发掘，要按正式程序办好报批手续，并与社科院考古所联系，文物局一定大力支持，我们要派几个人到广州了解情况，协助工作。先请景略、学昌同志考虑一下，估计会出现一些什么技术难题，要事先做好准备。”谢辰生做了补充。谢秘书长提道：“这墓的发掘，关键在于夏鼐（夏先生当时为中国社会科学院副院长兼考古研究所名誉所长和中国考古学理事长），只要老夏同意就好了，发掘经费问题文物局或以拨助。至于广州的同志提到这墓主人可能是南越国某代王的问题，我看不用着急，墓主会自报家门的。”紧接着汇报组又赶赴中国社会科学院考古研究所，但夏鼐先生正在出席全国四届人大会议，不在所里。由副所长王仲殊、王廷芳（原郭沫若秘书）及徐苹芳、乌恩等几位考古所领导详细听取汇报发现的情况。听完汇报，他们都十分高兴，表示晚上就去人大代表的住地找夏先生转达这个重要发现的情况。第二天，王廷芳副所长向汇报组详细地转告了夏先生的意见，夏先生认为：“这是中国汉代考古又一重大发现，从勘察情况来看，不下于马王堆和满城汉墓。因墓室已经暴露出来，要及时进行清理保护。我们要从中国考古事业的发展高度上来考虑这个问题，一定要把这座汉墓的发掘事情办好。考古所要尽量运用我们现有的技术水平，尽我们的最大力量投入这项工作中去。考古所要参加发掘工作，而不是去做客，要跟广州的同志一道把这件事情办好，不要把它看成是个额外的负担，要看作是考古所义不容辞的责任。考古所如果人力上一时有困难，有的工作要停就停，要抽（调）的人就抽（调），一定要把这墓的发掘（工作）做好。请通知广州的同志赶快写个材料，通过省报上来，由文化部和社会科学院衔报国务院，待批准后进行正式发掘。考古所要派得力的人与地方同志联合组成发掘队，但队长要由地方的同志担任，所里的同志也可参加，发掘的出土文物考古所一件不要。为了保证质量，早日把发掘报告出版，所里要派人参加编写，出版时考古所的名字排在后头……”夏老的这番话令汇报组成员深受感动。夏先生看得深远，考虑周详，他尊重地方同行，注意发挥地方积极性，连日后出版发掘报告的署名也想到了，体现了中国考古最高学术机构领头人的眼光与胸怀。更令人感到兴奋的是，社科院考古所成立以来，其主力队伍主要在中原地区开展工作，学术重点是新石器时代，特别是夏文化问题。这回第一次跨过五岭，把队伍拉到广州来，真有点像赵佗当年把先进的汉文化和先进的生产技术推广到岭南的味道。这是广州考古史上的一件大事，对广州今后的文物工作定会带来积极的影响。谢秘书长得知夏先生的意见后，高兴地对麦英豪说：

“老麦，这回可好了，由文化部与社科院联名上报国务院，请求批准发掘，这是列入国家计划的发掘，升级了。（我们应）尽快商定发掘方案和经费预算报国家文物局。而且，老麦，由你来当发掘队长，并由你来组阁。当队长是要承担法律责任，一要确保发掘期间工作人员的安全，二是要保证文物的安全，三是保证在发掘之后尽快提交发掘报告并交付出版。”“那当然，平时我们发掘工作也是这样要求，我愿意承担责任。”麦英豪即向文物局的领导做出承诺。

2. 高度重视 决断如流

饶志忠副局长和麦英豪马不停蹄地赶往全国四届人大会议广东代表团驻地，向广州市委书记许士杰、代市长叶选平两位领导汇报象岗工地发现南越大墓以及国家文物局领导和社科院考古所夏先生的意见。许、叶当即指示：“马上通知工地停工，墓地要保护，并请中央派专家来指导。至于省政府的几幢公寓楼，可另选合适地点再建。要封锁消息，注意保密，以后统一发布消息，要做好现场的安全保卫工作。”汇报组回广州后，立即向朱森林副市长汇报赴京工作情况。第二天，朱副市长在象岗考古现场召开会议，具体落实许、叶两位领导的意见。会议决定成立象岗汉墓发掘领导小组，市人大主任兼市文管会主任欧初同志任领导小组组长，协调各方关系，研究部署发掘前的准备事宜。

由文化部和中国社会科学院会衔上报国务院请求批准进行发掘的申请很快得到国务院的批准。国家文物局同时颁发第 132 号考古发掘证照。由广州市文物管理委员会、中国社会科学考古研究所和广东省博物馆三家单位的考古人员组成的象岗考古发掘队正式成立。考古发掘队由 45 人组成，麦英豪任队长、中国社会科学院考古研究所研究员黄展岳和广东省博物馆研究员杨式挺分别任副队长，考古队下设发掘组、技术组（负责文物保护、电影、录像、摄影等）、保管组和行政组等几个部门。黄景略处长和蔡学昌所长接受国家文物局的委派，监理发掘过程的“两个安全”（人员安全和出土文物的安全）。

（二）紧锣密鼓的准备

1. 声东击西 深藏不露

当时的象岗已属于广州的闹市地区 ，这里有中国大酒店、东方宾馆、流花宾馆、中国进出口商品交易会，还有近在咫尺的广州火车站，天天人潮如涌，象岗东侧的解放北路整天行人不绝，车水马龙。在工地周围有林立的公寓楼，在高层的住户会发现，工地在这段时间一连几个晚上都有不少轿车光临，许多高级干部、老专家教授模样的人物在工地指指点点，“象岗出宝了”的消息不胫而走，很快就传开了。

一天晚上，黄淼章到象岗山下一个朋友家探访，碰到朋友的一帮同学也在座，其中一位就住在象岗某号公寓楼，大家正在高声谈论。原来这位朋友正在给在座的介绍象岗发现古墓的情况，讲到他亲眼看见一位如何魁梧威武的壮士，只身进入古墓探险，还添油加醋地说墓中有毒箭、飞刀等机关，幸好生锈了，发不出来。还说墓内的金银珠宝多着哩，拿一件就能和老外换回几十万、几百万美元。大伙听得津津有味，并要求他引领大家到象岗上看热闹，开开眼界。小黄在回家的路上想到，群众私下议论都这么热烈，要是碰上新闻记者就头痛了，他们必定抢发消息，这样不利于发掘工作，也不利于文物的安全保护。田野考古发掘不像体育比赛，体育赛事越多人观看、越多的欢呼助威就越能令运动员兴奋，发挥潜力，使比赛出现高潮。但考古发掘的工作却相反，它要冷静，许多迹象是在细心的发掘中才得以观察到的，因此，田野发掘不受外来的干扰为好。这得想个对策才是，于是考古队来了个声东击西，在《羊城晚报》显著位置上刊登了一篇图文并茂的考古消息，报道近日在广州西村发现一座南越国时期大型木椁墓，虽早年被盗，但仍发现20余件精美的玉器，有玉舞人、璧、璜、琥、剑饰等。果然，此举成功转移了大家的视线，也让两天前多次来电话找考古队探听古墓探察情况的几位报社记者再不来电话了，从而赢得了充裕的时间为发掘工作做准备。

2. 外围勘探 摸清情况

南国盛夏，四周被高楼团团围着的象岗工地，炙热得像个火炉。

根据省、市领导的指示，文管会考古队在象岗设立了临时办公室。为了抓紧发掘前的准备工作，摸清古墓外围的情况。黄淼章、陈伟汉和冼锦祥3名队员清理墓道表层，并在墓坑外围几千平方米的工地，用1米 ×1米的网格式布点，只要可以打“洛阳铲”的地方都在网格的交点处下铲钻探，以摸清是否还

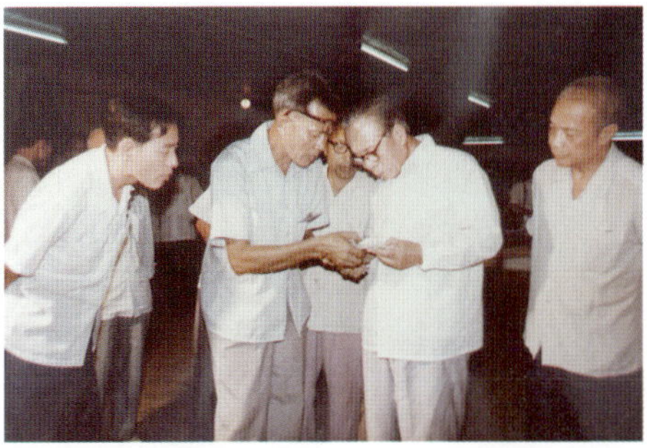

发掘期间，广东省委书记任仲夷同志到工地视察，了解发掘情况

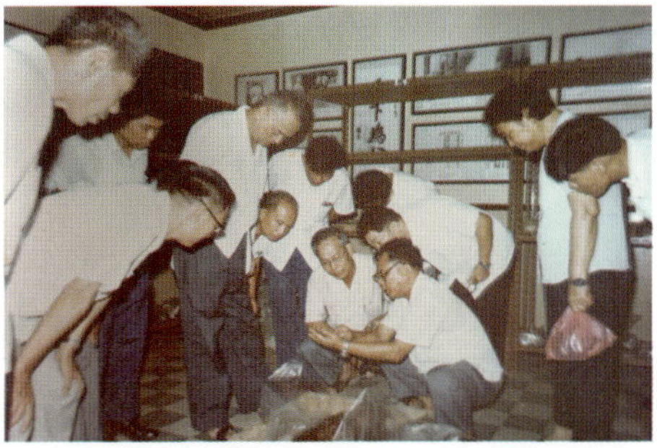

省市领导到工地临时工作室内观看出土文物

梁灵光、夏鼐、沈竹、黄菘华等同志在工地临时工作室内观看出土文物

胡乔木同志到工地临时工作室内观看出土文物

省市领导、专家学者视察古墓发现情况

有陪葬坑。象岗虽是一座风化的石山，但土质坚硬，探铲碰到原岩震得虎口发麻，几把“洛阳铲”的刃部都已卷口或崩裂了，加上毒热的太阳，烤得手脚发烫，才几天工夫，大家的双手都打了血泡。虽然钻探没有新情况，但墓道处却有新的发现。墓道的坑口找出了，现存长 10.3 米，宽 2.1—2.6 米，在靠近墓门处填满大石，所见全是未经加工的顽石，有红砂岩和石英砂岩，小的几百公斤一块，大的估计重近一吨。很明显，这是象岗大墓苦心设计的一项防盗设施，即把开山凿坑的石头和筑墓余下的红砂岩分层回填入墓道中，看来，这确能起到护墓的作用。因为一般的盗墓者是会望石却步的。晋王范的《交广春秋》有句话“（越王）慎终其身，乃令后人不知其处”。诚然，当日，这个山头全给墓主一人独占了。

3. 周密部署 细致安排

7 月 1 日，国家文物局秘书长谢辰生和文物处处长黄景略，还有李季和社科院考古所黄展岳 4 人专程到广州。在考古队员陪同下，他们 4 人进入了工棚，一面听墓地情况的介绍，一面认真地考察现场。随后他们竟轮番趴在墓顶的石板缝中向下窥探，也虔诚地“朝拜”起来了。个个都喜形于色。谢辰生高兴地拍着麦英豪的肩膀说：“我看到一大堆随葬物，其中有好多块像大烧饼似的，大概是大玉璧了。好家伙，大的有草帽那么大（这些草帽大的玉璧后来据发掘所见，正是棺椁“头箱”的 7 块大玉璧，其中最大一块直径 33.4 厘米。这大概由于墓室内湿度达 98% 至 100%，手电筒射出的光柱，在饱和的水汽中光线相互折射，看到的物体就显得特大）。老麦，预祝你们今次的发掘在中国考古学上又一次取得重大突破。”

当天晚上，谢辰生就在下榻的住地召开了一个简短的会议。省、市文化局领导人和广州的考古人员参加。谢辰生首先介绍了北京方面向国务院申报的经过：“国家文物局和考古所领导特别是夏鼐先生得悉广州有此重要发现，都感到十分高兴。鉴于此墓规模较大，保存完好，而且已经暴露了，还有可能是南越王陵，经商定由文化部和中国社会科学院会衔上报国务院请求批准进行发掘。国务院已经批准了广州考古队的报告。国家文物局经研究决定，由中国社会科学院考古研究所、广州市文物管理委员会和广东省博物馆三家单位的考古人员

国家文物局秘书长谢辰生等同志来广州，送来国务院批准发掘文件及发掘证照，并在领导小组会上讲话

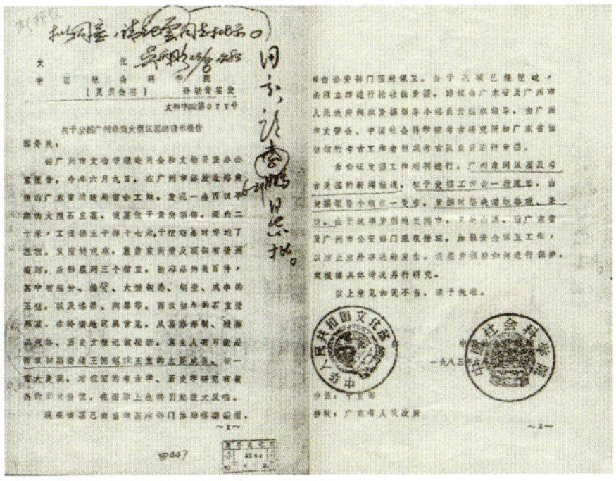

发掘批文

中华人民共和国
考古发掘证照
考执字（1983）第132号
单位名称 广州市文物管理委员会、中国社会科学院考古研究所、广东省博物馆
地址
发掘地点：广州市解放北路象岗山西汉石室墓
发掘面积：
发掘时间：1983年7月～9月
发掘队负责人：麦英豪
中华人民共和国文化部
一九八三年 七月 日

考古发掘证照

组成的象岗考古发掘队，任命麦英豪为队长，黄展岳和杨式挺分别任副队长。国家文物局要求这次发掘要保证高质量和做到‘两个安全’，即人的安全和文物的安全。当然，人的安全是第一位。发掘证照我们已带来了（随即将证照交给队长麦英豪），至于国务院批准发掘的文件，原件要留国家文物局存档，这次也给你们带来了复印件。明天你们三位队长与景略、李季一起再研究一下上次由老麦带给国家文物局的发掘方案，看有哪些未足之处，尽量使它完备为好。

发掘经费问题也要商量。”就这样，一场岭南地区有史以来最令人瞩目的考古发掘的帷幕即将要拉开了。

就中央提出的问题，麦英豪、黄展岳、杨式挺、黄景略及李季随即对上次带上北京汇报的发掘方案逐条逐项进行斟酌，并结合最近勘察中发现的情况加以修订补充之后，完成了发掘队上报国家文物局的正式发掘方案。至于发掘经费，广州考古队最初提出预算 15 万元，后经黄景略同志指出，原预算未包含资料整理和研究出版的费用，要增加 10 万元，国家文物局是会大力支持的。发掘方案认可了，经费落实了，发掘证照发下来了，古墓发掘什么时候启动呢？鉴于 6 月至 8 月广州正是盛夏，天气酷热，高温高湿，对墓中出土随葬物的保护会有影响，加上期间亦是台风季，同时北京的考古人员来到盛夏时节的广州有个身体适应问题，广州与北京方面一再商量，动工日期需延后，以入秋前后为宜。经三方商定 8 月下旬动工。这样，对广州方面来说，做好发掘前的人力、物力、场地等各项准备工作，有了更充裕的时间。

8 月 6 日，黄景略来电话通知，通知中要求象岗汉墓发掘队派人到北京与考古所共商一个发掘的协议。考古所提出，这次是由三家联合组队进行发掘的，工作中涉及许多问题，要由三家的代表一起商定，然后签个协议，有利于工作。饶志忠、麦英豪、杨式挺于 11 日下午到达北京。第二天上午与王廷芳、乌恩一起开会，商议了发掘队长负责制，发掘期间的后勤保障、安全警卫，发掘资料的所有权、使用权，拍录发掘过程的电影、录像和现场拍彩色与黑白照片，发掘后的新闻发布会，出土文物的修复、保护工作，还有发掘简报、报告的发表等具体事项。最后，王廷芳提议，先由发掘队长根据商定的内容草拟一个协议文本送考古所研究决定之后，共同先草签，待到正式动工发掘之时，再由三方的代表正式签订。当晚，麦英豪和杨式挺根据会议记录起草了一份《广州象岗汉墓联合发掘议定书》的文本（初稿）。

4. 鸾翔凤集 拉开帷幕

距离动工发掘的日子已经不远了，各项准备工作有条不紊地进行着。包括用电设施、发掘需用的器材和出土文物临时加固保护的设备，各路发掘人员云集，有关生活方面的安排等等要做好准备。在墓遗址顶新搭建一座东西横跨

象岗发掘工棚

20 米，南北纵长 16 米的油毡大棚，可以抗御台风与暴雨。棚的四周还留有较大的空间，便于发掘时地面的操作活动，连墓道处也接上了一段雨棚。发掘区的外围拉起一道铁丝网，荷枪实弹的武警战士 24 小时在外围站岗值勤，保护发掘现场以有一个安全和不受干扰的宁静环境。

市政府对这次的发掘十分重视，除了由公安部门派出武装警察到工地负责安全保卫工作之外，还选定距离象岗不远的中山纪念堂腾出后面一幢两层楼房给发掘队作紧急处理出土文物的工作室及临时库房使用，这里也有武警人员日夜守护。并对发掘工作制定出严格的纪律，对下墓坑工作的人员要凭特别通行证，专车运送出土文物，还必须有 3 个武装警卫人员与考古人员一起押送入库，发掘期间，无证人员不得进入工地。同时，一份包含有 10 项具体实质性内容的《广州象岗汉墓联合发掘议定书》由联合组的三方代表正式签署了。

8 月 22 日，北京方面参加发掘的人员全部到达广州，他们中有来自国家文物局的黄景略处长和李季，有中国文物保护科学技术研究所的蔡学昌所长和陆寿麟、李化元，有社科院考古所的黄展岳、杜玉生、白荣金、姜言忠、韩悦、王林共 11 人。同天到达的还有湖北省博物馆的后德俊（出土漆器脱水防护专家），加上广东省博物馆的杨式挺、古运泉、许方强、莫鹏以及广州文博单位的考古、保管、行政服务人员，当中不仅有经验丰富、成就显赫的秦汉考古专家、文物修复保护专家、摄影师、录像师，还有保管员、电工、木工等共 45 人，组成广州考古史上最庞大的一支队伍——象岗汉墓发掘队。

队长：麦英豪

副队长：黄展岳、杨式挺

考古组：白荣金、杜玉生、李季、古运泉、冼锦祥、黄淼章、陈伟汉、吕烈丹、黄杰玲、邱书怀、黄清源

技术组：姜言忠、韩悦、王林、陆寿麟、李化元、后德俊、黄兆强、陈灿强、许方强、莫鹏、何继东、张明、莫健超

保管组：叶超强、曾海胜、武宇红、钟映波、伍敏、李卫华、冯兆娟、黄敏

行政、保卫组：黄流沙、邹艳玉、廖明泉、林纪康、苏桂芬、谭庆芝、赵伟森、何国伟、侯左军、张洁悦、梁乃明、伍忠民

国家文物局文物处黄景略处长和文物保护科学技术研究所蔡学昌所长接受国家文物局的委派，监理发掘全过程中的人员安全和文物安全，确保发掘质量及重要出土文物的保护措施等工作。外地的发掘队人员住广州市文化局“百花园”招待所。安顿后，全体人马来到发掘工地，分组讨论发掘方案，明确各自的职责与要求。这次发掘总的步骤是，先外后内，由南向北，分步推进。1983 年 8 月 25 日上午，南越王墓的发掘正式启动。

1983 年 8 月 25 日正式发掘从墓道开始

四

揭开地宫的神秘面纱

（一）石室结构

象岗是一座风化石英砂岩的土石岗，陵墓深埋于山岗深腹处，是广州地区年代最早的石室大墓，本体就是不可移动的文物。全墓 7 室共 14 堵石墙，都是竖穴坑底的原岩上紧贴坑壁砌筑，干砌，少数是错缝，以对缝为多，黄土抹缝。砌墙时石块虽没有按下大上小排列，但石墙都砌得平直规整。在各个墓室连接的转角处，还特意用长、宽 1 米多的大石块砌成“石柱”，保证转角位置的稳定性。在 4000 多土方和 30 多石方（顶盖石）的重压之下，经受住了时间

墓原址俯视图

墓室内“挑檐”断落情况

的考验及地下水的侵蚀，墙上石块虽有风化，却未脱落，墙壁无一倾斜倒塌。

全墓顶盖石板共用 28 块，每块长 2 米多，宽 1 米多，厚 0.2 米至 0.3 米，重逾千斤。其中前室的顶盖石最大，长 2.5 米，宽 2.2 米，厚 0.24 米，重约 2.6 吨，朝下的一面有红、黑彩绘卷云纹。在前室、主棺室、后藏室及东西侧室的顶盖石下面的墙头上横放平铺一行宽厚大石板，石板两头伸出墙体之外 0.3 米至 0.5 米，形成“挑檐”石板，上面再覆盖一层顶盖石板，成为墓室的上盖，作用是减少两石墙间的跨距，可降低因承受上面的重压产生剪力作用致顶盖石断裂。发掘时见到，当中两堵石墙上的“挑檐”石板伸出石墙头的一段多数都断落了，而顶盖石板则完好。可见两千年前的岭南建筑工匠，对结构上如何减缓剪力作用已有充分的认识。

石室墓所用的石头，包括砌墙石、“挑檐”石、顶盖石以及石门和石柱等共有 750 多块，虽大小不一，但每块石头都经过粗加工，朝室内的一面打凿平

番禺莲花山古采石场

正。特别是两扇石门，包括两页门扇、石门楣、门框、门墩和顶门器的各个部分都经过细加工，石面完整，线条平直。在墓室内的一些砌墙石块上，还找到了比较清晰的凿痕。根据这些凿痕，估计当时用来加工石料的工具，是一种金属的凿子，刃口宽 2—3 厘米。至于是青铜凿还是铁凿已很难确定（西耳室出有两把铁凿）。在加工时，是依着石块的对角线进行斜向凿打的，这与现代石工用手工凿平石坯的取向相同。根据地质专家对墓室石料的鉴研，砌墙石主要是红砂岩，采自番禺的莲花山古采石场。还有石门板、顶盖石和“挑檐”石可能采自市区北郊的飞鹅岭。

这座王陵建筑面积只有 100 平方米，对比中原地区已发现的西汉诸侯王陵的规模就显得过小了，它的面积仅相当于河北满城中山靖王刘胜墓（502 平方米）的五分之一。但从营造工程的总量估算，就是放在今天来看，也是一项庞大的土石建筑工程。首先从土方量来算，开凿一个底部 100 平方米，深逾 20 米的大型竖穴，上部必然扩宽，往下渐收，成阶梯式扩方的方式，这样坑壁才不致倾塌。挖出的土石量不少于 4000 立方米（墓道部分未计算在内）。象岗

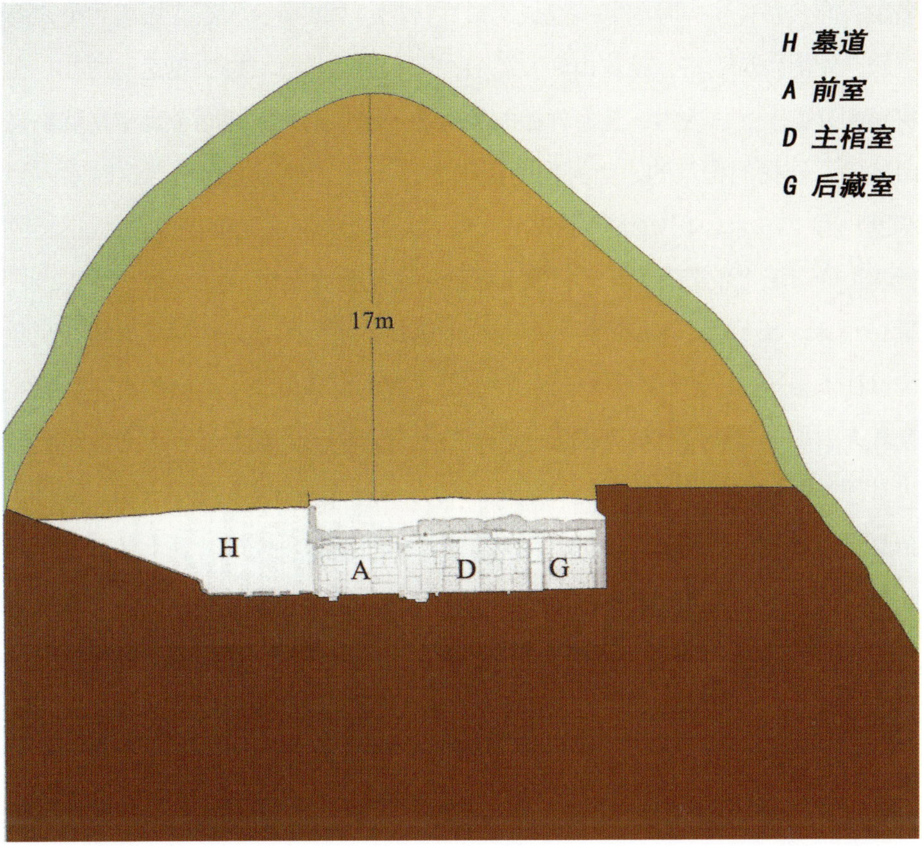

象岗山及墓室所在位置示意图

的石英岩是一种变质岩，虽然风化，却有一定硬度。大块岩石仍极为坚硬，在两千多年前要用铜铁工具一点一点地凿打出一个大坑，该是何等艰巨。入葬之后，还要在石室上面用粗砂，按 15 厘米厚一层层由下而上逐层回填逐层夯实，直到象岗的顶部。筑墓时从竖穴中挖出的不少于 4000 立方米的土石不作回填之用，全部运走。此后还需从别处采掘一批与竖穴体积等量的红黄土掺和粗砂，运到墓地分层夯填，仅这两项挖、采、运的体积就达 8000 立方米。假定按人均每天挖土石为 0.5 立方米计，需要 1.6 万个工作日，还未算往来运输所需的时间。另外，构筑墓室所用的石材，其耗用的人力物力就更可观了。因红砂石材是从距象岗约 20 海里的莲花山采石场开采后，由水路从珠江口的狮子洋返回直到象岗西侧芝兰湖，上岸后还要对毛坯再加工成合用的石块，这当中需要多少石匠、费耗多少时间才能完成？最后，把这750多块大石头搬运到竖穴的坑底，才能构筑墓室，就算由斜坡墓道往下搬运，顶盖石每块重达一两吨，在狭斜的墓道上光靠人力，是怎样搬的呢？加上前部的东、西两个耳室是从象岗山体的原岩掏洞构筑的，当洞内两边砌起高1.83米的石墙之后，这时室内的宽度只有1.75米，在如此狭窄的空间内，怎样把重一两吨的顶盖石板举起放到两边的石墙上？还有，前室的顶盖石是一块完整的石板，长2.5米，宽2.2米，厚0.24米，重约2.6吨，从斜坡墓道往下运是不可能的，只能搬至岗顶，在竖坑口往下悬送，在没有起重设备的古代，仅靠人力是如何放到前室的墙头上呢？全凭人力加上简陋的工具完成如此浩大的工程，在当时需要多少人力？需要多少时间？面对如此种种的问题，研究学者亦仅对人力做出粗略的估计：由100个身强力壮的劳动者参与施工，至少也得3年时间才可完成。至于又有多少工匠在这项工程中伤残，甚至付出生命的代价，那是无法估量的。但有一点是清楚的，象岗南越王墓是岭南地区规模最大、出土遗物最丰富、墓主的身份最高的一座汉墓，在全国来说，也是目前已知年代最早的一座彩绘石室墓。

发掘后，考古队及时请来中国文物保护研究所研究岩石保护的专家，对墓室进行了全面的维修加固和止水等保护工程，并在其上用钢架与玻璃加建了一个覆斗形的盖顶，对墓室加以保护、展示。

（二）前朝后寝的整体布局及文物分布

1. 墓道和外藏椁

发掘开挖的第一步工作是清理墓道上的回填土、顽石。考古队首先沿着墓道中轴拉了一道直线，把整个墓道分为东西两半，先清理西半，留下东半作隔梁断面，以便了解墓道的回填情况。墓道的填石和构筑墓室的大石一样，多属红砂岩石，未经第二步打磨加工，全为顽石。墓道现地面至原岗顶已削去17米，那这部分原来是否也填有大石？为此，队员们专门访问了工地的邓科长、工程师和推土机司机，他们都提到在推平象岗顶时，发现了许多红砂岩条石，但应属清代初构筑“拱极”炮台的台基，往下，就在古墓的位置，经常推出大小不一的顽石。由此看来，墓道在近墓门处由下至上是有顽石与土分层回填的，逐

墓道上部填石

邓钦友给发掘队长讲述古墓发现时的情况（右起：邓钦友、麦英豪、黄展岳、杨式挺）

层夯实，直到原岗面，封埋得严严实实，使整座石室墓深藏在象岗的山腹中心，地面不留痕迹，以防盗掘。墓主人为防止身后墓葬被盗掘，往往挖空心思、处处防范。有如满城中山靖王刘胜夫妇墓的墓道口用土坯和砖砌筑，还用铁水浇灌加固，形成一道铁墙。有如徐州楚王陵墓道内放置大石块，经过精细地加工，一块一块叠放于墓道内。其次是墓门，墓门一般是石门，门后设置顶门器。当安葬了死者，关闭石门后，门后的顶门器就会自动翘起顶住石门，人在外面无法将门推开。但“道高一尺，魔高一丈”，不管造墓者如何挖空心思，设置一道又一道防盗的屏障，终难逃珍宝散尽、曝尸荒野的厄运。相比象岗这座南越王墓，墓主人在防盗上的良苦用心就得到了相应的回报，到最终发现这座墓时，距其营造之时已有 2000 年了，墓主人在地底仍是安然无恙，实属万幸。

吊机将墓道上尚存的两层顽石清理后，即发现墓门上的门框、横梁大石板都已断裂，门框内两扇石门因受外部回填土石的挤压而向里斜倒。墓道呈斜坡形，尚余长 10.4 米，宽 2.5 米。而且在墓门前发现有一外藏椁，往南高起一级才接上斜坡墓道，坡斜 22 度，现存长约 6.45 米。外藏椁的土坑长 4.12 米，宽 2—2.3 米，椁壁周壁用木板构筑，椁板已朽，仅坑底处留有很清楚的板灰痕。据此推算，木椁长 3.8 米，宽约 2 米。椁内两侧和北头堆放陶器和铜器，分两层叠放。下层共 17 个大陶瓮，呈曲尺形排列。上层除仪仗铜饰外，还有一个木箱，里面盛了 2 组铜车饰和 9 个鎏金的仪仗顶饰。负责墓道清理工作的杜玉生、陈伟汉，还有绘图的、现场文字记录的、拍电影的、录像的人员都轮番上

墓道上外藏椁随葬品出土情况

阵，忙着各自的“本分”工作。黄淼章蹲在墓坑西南聚精会神地清理外藏椁南端的 3 个大陶瓮，上面的泥土拨去，一个方形的戳印显露出来。他还以为是常见的陶印纹，再细心地用毛刷把戳印上的土扫去，兴冲冲地说：“有文字！”在旁的副队长黄展岳赶紧过来看，一看，“长乐宫器”4 个篆字清晰地凸显出来，这是一个振奋人心的信号，两人喜形于色。接着杜玉生、陈伟汉在后部成堆的陶瓮中也发现了两个同样文字的戳印。一时间，摄影师、录像师把镜头对准这堆陶瓮，闪光灯闪个不停。

长乐宫是汉高祖刘邦登位之后在长安兴建的第一座宫殿，是汉初皇帝临朝听政的地方，是全国政治中枢。刘邦驾崩之后，汉惠帝移往未央宫，长乐宫便成了太后之宫，因它位于未央宫之东，又称东宫。当时南越国与汉长安城相隔万里，何来长乐宫的器物呢？细看此类陶瓮实属于南方印纹硬陶系统的南越陶系，是当地烧制的，与北方咸阳等地的泥质灰陶风格截然不同。这无疑向考古队员发来一个重要的历史信息：当时南越国也仿效汉宫建造了长乐宫。这个“长乐宫器”印戳的出现，表明墓主人的身份绝非等闲。看来，之前考古队员推测

发掘人员在清理墓道上的随葬器物

发掘人员在测量墓道随葬器物

墓主是南越国的某一代王是对的。但到底是一代王赵佗，还是二代、三代王，或许等发掘结束后，谜底便可揭开。

同时，墓道发现两个殉人，殉人的发现也是很有意义，这现象在广州汉墓发掘中是首次发现。在这堆陶瓮的东边，南北向顺放一个殉人的棺木位置，南北长约 2 米，东西宽约 1 米，棺木、人架全朽，在棺位的南端，仍能见到一些残漆皮和一个残朽漆耳杯，还有鎏金的铜牌饰，这些原应是放于死者身上的。在外藏椁的南面墓道，东西向埋有一殉人，人架、棺木全朽，只有一些棺漆的

“长乐宫器”陶瓮

“长乐宫器”铭文

墓道殉人的遗物

残片。随葬物有鼎、钵、罐、小盒、三足盒、碗等12件陶器，旁边还有一面小铜镜和一个铜带钩。墓道上的两个殉人的身份相当于“门亭长”，是为墓主掌门的。置备的车马、仪仗，整齐排列的17个大陶瓮，一是用来储备各种食品，二是为墓主人出行而设。

2. 前室——彩绘前堂

正式发掘的第二天，即8月26日，麦英豪队长拄着一根竹竿作拐杖来到发掘现场查看发掘情况（麦英豪队长因第二次上京汇报工作时，不慎掉入窨内，造成右肋处3根肋骨断裂。事后麦老笑谈此无妄之祸乃是墓主人对考古人的考验。时至当日，虽然已有2根愈合，可以下地走动，但亦不能下墓坑）。麦队眼看外藏椁的清理工作到了起取器物的阶段，墓门口两扇半开的石门已露出大半，打开的缺口可容一人进出，于是找来黄淼章商量，再请他进入前室摸清里面的情况，好为下一步的工作做准备。黄淼章凭借其瘦削的身材，一个侧身从门缝处钻进墓里去了。三位队长在门外静候回音。不久，黄淼章出来了，汇报室内情况，此时前室方形的顶盖石板虽还是整块的，但已裂开，而且有错位，

麦英豪队长拄着拐杖在发掘现场

前室石门的门框与横梁石板均已断裂

发掘人员在观察前室石门情况

幸好在它的周边没有一点空余，不会一下子塌下来，但东西耳室入口处的石墙上部，有些石头崩裂严重，很危险。西耳室里面漆黑一片，即便用手电筒也看不清楚。鉴于前室所存在的险情，考古队需尽快弄清室中的具体情况，才能制订一个周密可行的发掘方案。为了更直观摸清墓室的情况，摄影师姜言忠和韩悦对墓室的情况分别拍照和录像。首先，姜言忠采用了他在 20 世纪 60 年代河北满城汉墓发掘时自创的“悬丝飞灯法”进行拍照。这个方法简单地说就是：

先在墓室内的中上部纵穿一条细钢丝，在钢丝上挂一个大号的碘钨灯，碘钨灯上有细丝，可以人力拉动。当摄影机在墓室内适当的位置架好后，碘钨灯打开，摄影机的光圈定在B门开始拍照。当摄影师感到前方的景致已拍好后，让专门操作碘钨灯的工作人员随着摄影机的移动而移动，并渐渐后退，一直退到室外为止。这样便可将整个墓室的景致拍全。墓中的全貌影像，为发掘计划的制订铺就了道路，也为后来的研究者提供了极其重要的原始资料。随后，负责拍摄影像的韩悦和助手何继东身扛摄影机，小心地沿门板开裂处侧身钻入墓室，选定一个既于文物无损，又使自身安全的立足处，不断变换摄影机的角度来拍摄墓前室和东、西耳室内随葬物的分布情形，以及前室顶盖大石及东、西耳室顶盖石板的断裂、错位以致塌落的险情。拍录完后，马上将影像在电视机上播放，墓室内部的情形在荧屏上“暴露无遗”，拍完的底片也马上送到山下的广州图片社加急冲印，黑白片、彩色照都有了。大家对墓室前部情况有了充分的了解后，继而研究出排险的对策及分步安排：一是认定墓顶的大石板只要不移动是不会倒塌下来的，先派负责前室清理的冼锦祥、古运泉进去，将前室已露

考古发掘人员借助录像研究安全操作方案

出的陶器、铜鼎等器物测绘出位置草图，加上临时编号，将这些器物起取，留待下一步清理室内遗物时再复原位；二是要在石门板后面卸入的泥土堆中选好位置，清理出一块小平面，以备安置承托顶盖石板的木柱；三是用几十个小麻袋装上木屑，在室内当中分层堆叠成一个柱形方堆，到顶部再加几块宽木板，托住顶盖石板，以策万全；四是要将顶盖石上厚约 1 米的夯土掘去，让前室的顶盖石全部露出来，为起吊作准备。9 月 1 日，在吊机的隆隆声响下，墓门断裂的横梁、两扇石门和断裂为四块的顶盖石被安全吊离，暂时移置于墓道外侧的平地上，留待发掘工作完成后，再行加固复原。

前室的随葬物比较简单，主要分布在室内的北部，左（东）有一殉人，骨架、棺具全朽，仅见一些残痕。棺木位置有成组的玉佩饰、铜镜，还有铁环首刀和

起吊前室顶盖石

前室顶盖石上的彩绘卷云纹

铁削各 1 把。在组玉佩的旁边（即棺木中部位置）发现一枚鱼钮铜印，长宽同为 2.4 厘米，“景巷令印” 4 个篆字，十分清晰。这枚铜印是殉者随身入葬之物，应代表了他的身份与职位。查考汉代的职官中，后宫的“永巷令”掌管皇后、太子的家事。任职的都是宦官（太监）。古时景、永同音，可能因南越国避讳，假借景为永，而称“景巷”，这个殉者生前应是后宫“景巷”的一位主管。在殉人的棺位右（西），置有漆木车（模型）一辆，已朽。由于墓中曾有积水，朽木漂移，车的鎏金铜件散乱一地。殉者或为墓主人的骖乘（车上陪乘于右边的近臣）或是御者。

前室随葬物出土情形

清理前前室壁画保存原状

前室西面及北面壁画保存现状

室内东西的石墙上，前室和主棺室两道石门上，前室顶盖石上都有朱、墨两色彩绘云图案，装饰成一个彩画的前堂（墓主人生前的朝堂），这是我国目前发现年代最早的一座彩绘石室墓。此外，前室出土有两套石砚，一套散落在西耳室门前，砚面上留有朱砂痕；另一套放在石门后面顶门器上，砚面上粘有一层墨迹。墨色黑中泛红，与前室周壁及顶盖上红墨两色彩画相一致，也许这两套砚台正是当年画工们完成室内的彩画之后留下的遗物。

前室的清理工作，从 9 月 3 日开始，到 6 日完成，为接下来的东、西耳室同时进行清理腾出一个空间，互不干扰。

3. 东耳室——宴乐藏所

事前，从录像资料中已了解到东耳室顶部有一块顶盖石断裂掉落，斜搁在室内当中处。由于石块过大，无法从过道中运出。因为东耳室是挖洞再砌石墙加盖顶的，工地在平土中已把上部推平，剩下的原岩厚不到 1 米，凿穿原岩就可以把断石吊出来了。9 月 1 日动工，对东耳室顶部进行“开颅”，经过两天凿出一个东西长 2 米、南北宽 2 米的近方形的天窗，9 月 3 日用吊机把断落的顶盖石吊离了。

清理工作由杜玉生、黄淼章负责。东耳室与前室之间有过道连通，过道长 1.03 米，宽 0.96 米，高 1.56 米。过道上没有堆放器物，但其石墙转角处有几块石块已碎裂严重，临时采用厚板和木柱支顶，以策安全。清理好碎石与泥沙等，在过道口和拐角处各有一个大小相同的素身铜环，铜环一侧还扣着一个铁

东耳室过道清理前情形

清理后东耳室主要随葬器物

鼻，铁鼻上有朽木痕，过道口原设有木板门，在这门后又藏了些什么宝贝呢？

从考古发掘看，东耳室的随葬品主要是宴乐器具，放得满满当当，令人眼花缭乱，且颇具特色。

在东耳室近门道处发现一个殉人，残存的头盖骨、肢骨等已漂移。经鉴定为 20 岁到 35 岁的男性青年，也许是一位青年乐伎，为墓主人从死的。他有一套组玉佩、铜带钩和铜镜等随葬。

沿北墙根，有一套 14 件铜钮钟由小而大依次排列，挂钮钟的是一根有彩绘的漆木横梁。朽木痕迹犹存，横梁下不见有立柱的痕迹，估计当时并没有摆上成套的钟架，或有可能是把两头的立柱卸下了。接着是 5 个较大的甬钟。钮钟前贴地平放着两套石编磬：一套 8 件；另一套稍大，有 10 件。在钮钟和甬钟间有一点空隙，摆放着 3 件青铜戈，其中 1 件去锈后，发现戈上刻铭，字划浅细草率，文曰“王四年相邦张义内史……”刻铭的“张义”即张仪。张仪是战国时著名的纵横家、秦国丞相。这么说，这件戈应该是张仪在秦惠文王四年（前 321）时监铸的兵器，可能是后来征战岭南的秦军带来的。如此看来，这把铜戈是墓主生前收藏的古物，死后带到阴间放在重要的场所作摆设。

沿北墙转到后墙根下，还有8件一套的青铜勾鑃。这套勾鑃器型硕大厚重，其中有6件是套合着顺放在后墙下，另2件分置南北两头。提取后清理发现这8件勾鑃器身上都铸刻有“文帝九年 乐府工造”两行篆文和“第一”至“第八”的编号。这位“文帝”如果是《汉书》中记载的“藏武帝、文帝玺”的南越国第二代王赵胡，那么这是他继位后第9年（前129）铸造的一套大型越式青铜编钟。依据这套青铜勾鑃，可以肯定此墓的主人不是南越国一主赵佗，但亦不能就此确定是南越二主赵胡的。如果是第三代王婴齐的墓，他有父亲（文帝）或祖父（武帝）的遗物随葬，亦是可以的。

在耳室的中后部几乎排满青铜酒器，这些青铜酒器中都是成套成对的。其中，有4件铜钫分成大小两对，小的一对素面，与广州汉墓中常见的一致；但大的一对，其中有一件通体铸出纹饰，

东耳室前半部出土的头骨、玉璧和铜镜

发掘人员在清理编钟

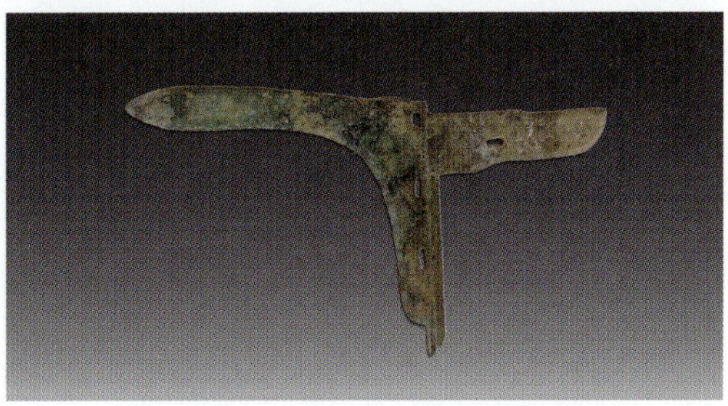

“张义”铜戈

“张仪”铜戈的铭文

东耳室后半部出土的铜器

特别精美，具有战国铜器的特点。大小铜瓿各1对。铜提筒3件，由大而小套合在一起，当中又塞入一件素面的小铜钫。此外，还有施朱墨彩绘的陶器，计有罐、瓿、碗、钵、小盒等，其中碗和钵的器腹下，有墨书“实祭肉”三字，有的陶罐内有海产的贝壳。还有燃香料的熏炉，还有漆木胎的琴和瑟，但都已朽了，剩下调弦的琴轸和瑟柄。还有彩绘漆木胎的六博棋局，用墨玉和水晶做的六博棋子。博局木胎已朽，尚存一些漆皮，博局的周边镶嵌鎏金的铜框，下面的支座为铜铸的鹰爪形，嵌象牙和金银饰片。可惜这个做工精巧、装饰多样的博局被室顶断裂塌下来的一块石盖板砸毁，未能复原。

在南墙根下，发现一堆铁农具，有3件臿、1件锄、2件䦆共6件。这3种农具直到今天在珠江三角洲的番禺、南海、顺德等以种植水稻和蔬菜为主的农耕地区，仍广泛使用。中国自古以来就是一个农业大国，自周王室之后，其最高统治层要举行“籍田”之礼。《史记·孝文本纪》载：“上曰：‘农，天下之本，其开籍田，朕亲率耕，以给宗庙粢盛。’”相传天子的籍田千亩，诸侯百亩，都是征用民力来耕种的。但每年春耕前夕，天子、诸侯会手执耒耜在

西耳室清理前的原貌

籍田上三推或一拨，称为“籍礼”，表示示范性的耕作，以示劝农。这座墓的主人显然也是继承了这个“籍礼”的遗风，特意放上几件农具，以示自己在弦歌宴舞之时，不敢忘记躬耕劝农之意。

4. 西耳室——御府藏珍

西耳室的大小结构与东耳室是一样的。室内林林总总堆置了大量的随葬器物，考古人员要在室内进行清理工作，真的是无立足之地。如此困难，对负责本室清理工作，有着 28 年田野考古经历，且参加过马王堆汉墓和满城汉墓等重大发掘工作的白荣金老师来说并非难事，白老师想出了一个虽“土”，但简易可行又不会弄乱室内器物堆积情况的分层揭取的“悬空发掘”方法。

首先把几个曾用来顶托前室石盖板里面装满木屑的麻袋，叠置在前室当中处，组成一个高约 0.6 米的小堆，上面架上一把长竹梯，如跷跷板。竹梯大的一头在后面，坐上两个大汉作重压，细的一头伸入耳室内，白老师躬身在竹梯上往里爬，实地观察一番，然后再进到室内 1.5 米的南北两边墙根下清理出两个落脚点。在这两个落脚点上用红砖各叠起一个高约 0.4 米的砖墩，又继续往前，到墙根再清理出落脚点，同样用砖块叠置出一对砖墩，到原岩后壁处又叠起同样的一对砖墩，在每对砖墩上放一厚木枋，组成 3 个“ ┌┐ ”形的框架，在框架上纵铺两块厚长的木板作为“滑轨”，“滑轨”之上铺上三四块厚短木板。这样，一个高出地面 0.6 米的操作平台构筑而成。白荣金、李季、陈伟汉 3 位考古队员轮流地趴在平台上试着操作，都表示满意。

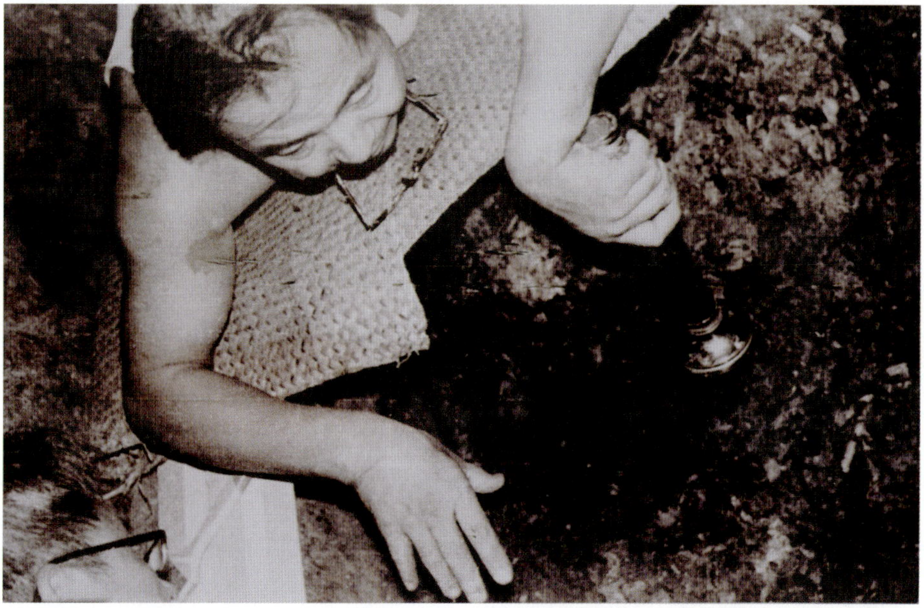

白荣金先生趴在平台上观察器物堆叠情况

发掘人员在西耳室悬空作业

考古人员在平台上研究清理办法

白老师的这个土法虽解决了西耳室无法插足的难题，但却苦了在平台上操作的队员，只见白荣金、李季、陈伟汉他们或蹲或坐或半趴着，清理器物时都得头朝下，双手操作，时间一长，两手和双膝就感到酸痛发麻，头脑发胀，而此时的广州正是“争秋夺暑”的酷热天时，加上几支高瓦数照明灯泡散发出的高温，室内又不通风，闷热难受。虽然有风扇吹着，但还是不管用，个个都汗流浃背。参与此室清理的李季在吉林大学攻读考古专业，毕业后到了国家文物局文物处工作，过去只在北方进行考古，这是第一次到广州参加古墓发掘。他在后来回忆这段工作时，满怀复杂的感情说：“谁要是觉得考古这个工作很浪漫，就该在这里待上几天，准确地说是发掘几天或趴几天，因为工作面远低于蹲跪面，干一会儿就感到脑袋充血，恨不得一头栽下去……”虽然如此艰苦，但大家只要进入墓室，谁都不愿离开，亦不肯“让”出自己的工作位置。每个队员都非常珍惜此时此刻的工作机会，都庆幸自己有机会参与到这个千载难逢的工作中。高涨的探秘热情，使队员们战胜了酷热，忘却了休息。墓室的灯光经常彻夜明亮。夜晚的象岗十分宁静，没有嘈杂的说话声，没有喧闹的汽车声。只有发掘队员的清理发掘及摄影、录像机发出的吱吱响声在深邃、阴森的古陵墓中回响。

西耳室的随葬物层层堆叠，种类繁多。凡主人生前所用、所玩、所好的各色各类物品，这里应有尽有，一股脑儿都堆在里面，真是百物杂陈。随葬器物在当初入藏时，先用丝绢逐一包裹放入竹笥或漆木盒、漆木箱中，然后再分层排列在木架上。后来木架朽毁，架上的随葬物坍塌下来，相互叠压，现存的堆积高度约 30 厘米，最高处有 40 厘米。老白他们商定分层清理，每层都要做好绘图、摄影、录像及文字记录，并分层起取器物。

室内的东西两头可见置于上层的丝织物，其中又以中部的最多，但都已碳化了，像棉花团一样，其状态十分恶劣，但仍可看出有的是整匹织物，估计不少于 100 匹。在这批碳化织物下面，发现有个漆木箱，里面装有锤、锛、凿、铲、削刀、锉刀、刮刀、服刀、锥子等铁工具共 54 件，还有 3 把铜锯。如此品类齐全的木作工具，似乎向我们预示墓主生前的喜好。在这个漆木箱旁，又有一个已朽的木箱，装着 5 支象牙，但表面已松散，裂开呈小片状，后经中山

西耳室过道中的铜器、陶器

西耳室底层出土物

大学地质系鉴定属于非洲的原支象牙。

从过道至室内的东头，主要是饮食器具，分别有铜鼎、铜壶、铜锠、铜勺、铜烤炉和小陶鼎等。在上层器物清理过程中，令考古人员感兴趣的是放在过道口上的一个矢箙，上半的箭杆部分已朽，100 枚铜镞尚完好，但已锈结成团。箭头都是双翼式带倒刺的，有的箭头上还看到是用箨叶包裹的。估计这些箭头是泡过毒液的，《战国策·燕策三》中记载，燕太子丹得匕首“使工以药淬之，以试人，血濡缕，人无不立死者。”后来太子丹把它给了荆轲去刺秦王。室内还有两处地方出土铜镞，其中一种是钝头的铜镞，这在广东的考古发掘中尚属首见。这种钝刃的镞，可能有两种用途，一是用于习射，另一种是用于猎射天上的飞鸟，因钝刃不易刺穿鸟体，避免血污羽毛。

另一项新奇的发现是：在清理耳室前端的 7 个铜壶中，每个壶都是用丝织物包裹着，有一个壶内装满红枣。在 2004 年广州南越国宫署遗址 264 号井内出土一批木简，经释读后，有三块木简上有产果实的记录，一块上书“壶枣一木，第九十四 实九百八十六枚。”“壶枣”即大枣。简文所记为：第 94 号的一棵大枣树，收得枣实 986 枚。另两块上书：“壶枣一木，第百 实三百[二十]五枚。”“高平曰（白）枣一木，第册三实一百廿八枚。”可见，当时生产是有严格管理制度的。每棵树有编号，并要记录每棵枣树果实的数量，专供皇家贵族享用的。装枣的这种铜壶是盛酒的容器，显然这是一壶用红枣浸泡的药用

铜壶内的红枣

补酒。岭南人至今仍喜用药材泡补酒，还用特别的动物如毒蛇等浸酒，据说常饮有祛除风湿病痛的疗效。由此可见，岭南人，浸泡药用补酒之风远始自南越，或更早些。

上层器物移去后，把下面的一些残漆皮、碳化的丝织物残片、朽木等清理干净，露出中层的器物，品类之多，器物之精彩，令在场的考古队员都惊叹不已。在一个装有 9 个小铜鼎和 8 个铜勺的竹筒之下压着 6 件石斧，3 件一排分两排平置于地板上。稍向前，有一大堆像调味黑豆豉模样的颗粒状物，陈伟汉伸手一摸，五指尽墨："啊！是一大堆墨丸。"白荣金过来看了看，对小陈说："不错，是墨丸，过道上还有两块石砚，前室也出了两件石砚，看你手上的墨色黑中泛红，正与砚台面留下的墨迹一样。前室石墙上和顶盖石上红、黑色卷云纹的墨色也泛红。大概前室的彩画用的就是这种墨丸。说不定那两个石砚还是当时绘画工匠遗留的工具呢。"

出土的墨丸、石砚

白老师 3 人已连续趴着干了两个多小时，大汗淋漓，实在坚持不住了，在平台上稍事休息后，又继续干。有多少艰辛就有多少惊喜，一个接一个的惊喜赶跑了疲劳。中部靠墙根下，露出一个漆盒，已朽坏，只剩残片。玉剑饰向下散落。这盒玉剑饰共 43 件，每件都用朱红色丝绢包裹着，肉眼也可看出织物的纤维，这批玉剑饰数量之多，雕工之精，尚不多见。一直守候在外面的黄展岳副队长，得知又发现一批数量空前的玉剑饰，马上“爬”入室内探个究竟，只见每见玉剑饰都留有朱红色丝绢包裹痕，如此精巧量大实不多见。

奇物层出不穷，在李季的小铲下又清理出一件四连体熏炉，这称得上是岭南所出熏炉中的顶级品，四个小方形的小炉体分铸后，再与下面的座足合铸而成，但上面的四个方盖则是连体铸出。接着又清理出一堆五色药石，后经鉴定分有：紫水晶、硫磺、雄黄、赭石、绿松石。这些药石古代称“五石散”，是用来“服食以求长生”的。这批矿物药石中的雄黄，又称“鸡冠石”，可用于

“帝印”封泥

“眛”字封泥

解毒、杀虫，但有毒。硫磺，功能是温阳、祛寒，也有毒。中医药有“以毒攻毒”的处方，这两种药石久服会慢性中毒。而紫水晶、赭石和绿松石这种 3 种矿石在现代医药中未见有入药。在这些药石旁出有捣捶药石用的杵臼两套，一套是铜杵铜臼，用来捣捶质地软些的药石；另一套是铁杵铜臼，则用来捣捶硬度达 7 度的紫水晶和 5—6 度的赭石、绿松石。史载，秦始皇称帝后想升仙，派遣方士徐福带了一批童男童女入东海三山，寻找长生不老药，但徐福一去不回。这墓主人在他冥府中置备如此大量的药石，看来也无法让他起死回生。同一层中还清理出绿松石印、玛瑙印、水晶印、玉璧、玻璃璧和玉舞人等一批玉石珍宝，还有“帝印”“眛”字封泥。

西耳室的下层器物主要集中在中部，有两个约 70 厘米 ×40 厘米大小的竹笥（已朽），一个装的全是车马饰，下面还压着近百支箭杆。另一个也是主要装车马饰，还有 3 块玉璧。不远处清理出一件保存较完整的铁铠甲。这时最高兴的是白荣金老师了，因为 1968 年在河北满城汉墓发现了一件完整的铁铠甲，是经他亲手复原的，事隔 15 年，今天在象岗又有同类的器物出土。两件同为西汉早期的铁铠甲，分别在河北、广东出土，远隔万里，可以说它们确实与白老师有缘啊！

根据所观察和出土器物的叠压情况分析，室内原是有木架分层置放器物的。按照常理凡体积大且重的器物会放下层，质轻而体积小的则放上层，如原整匹的织物，装在漆盒中的 43 件玉剑饰等都放最上层的。但亦有铜镜、玉璧、玻

西耳室出土的盖弓帽

璃璧等出土时是紧贴地面，像是原就放在底层的。当然也不排除因木架腐朽倒塌而散落于地板上。从出土器物放置情况看，只是饮食器、容器较集中排放在过道与耳室的前端，而镞、箭囊等在过道以及在室内的中部和后部都有发现，由此可见，室内器物放置还是较随意的，并没有按一定的规律来放置。

西耳室的清理工作从 9 月 4 日开始至 14 日结束，历时 10 天。正如事后陈伟汉所说："工作一天下来实在辛苦，但做得开心，惊喜不断，这个'藏宝洞'器物真多，令人眼花缭乱，有些器物我们还未认清它的庐山真面目哩。"到底当时操办这门丧事者为墓主在西耳室置备了多少器物？粗略统计，按质地分：有金、银、铜、铁、玉、石、玻璃、玛瑙、水晶、竹、木、牙、丝织与药物等。按功用分：有饮食器具、铜铁工具、渔农工具、服饰、武器、乐器、车马器、医药、文具及其他，合计 413 组。如果以单件来算，真的不可胜数。其中陶网坠就有 620 个，铅弹丸一堆 528 枚，墨丸一堆仅可数的就有 4385 粒。可以说，西耳室器物包罗万有，这是墓主人置备生活用器的御库珍藏。

西耳室铜镜、熏炉、铜杵臼等器物出土情形

5. 主棺室——墓主灵寝

随着铁铠甲的成功起取，至此，第一阶段的工作完成，共历时 20 天。完成对墓室墓道、外藏椁及前室和东西耳室的清理工作，取得阶段性的成果。接下来的工作是如何做好墓室余下 4 室的清理工作。

第一个拦路虎是摆在考古队面前的两扇紧密石门。如何开启宫门？考古队就此，特意召开了一个“诸葛亮会”，商议打开石门“入宫”的计策。队员们你一言我一语地提出“妙计”，纷纷出“高招”，为求出一个既能把石门打开，哪怕是一扇也好，又能保障石门完好无损的万全之策。最后，归结队员的意见主要有 3 点：一是揭顶，在墓室的后部选择合适的位置处揭开一部分顶盖石板，考古队员从顶部进入室内清理；二是开侧门，在两侧石墙或后墙外边挖一个竖井，然后从外面拆开部分石墙，只要拆开一个可进出的门洞就行；三是挖地道，在石门下面挖坑道，考古人员通过坑道进出。纵观 3 个方案，方案一、二对墓本体破坏较大，而且在动本体的情况下存在不可预见的风险，不可取。最后考古队决定先行挖一个坑道，派人进内探个虚实，再作论断。

省市领导听取发现古墓的情况汇报

主棺室石门外视

于是，9 月 10 日晚上，队员们在主棺室石板门下挖出一段坑道，宽可容身，派黄淼章入内。只见他以仰泳的姿势，头朝里全身躺在坑道上，双脚用力蹬了几下地面就把自己送入室内，随后陈伟汉、李季也如法进入。不一会儿，他们出来报告：后部 4 室，主棺居中。主棺室两边掉下许多石块，不见棺木，且顶盖石板开裂多处。还有，从石门背面看清楚了，门的上轴和下轴都布满绿色铜锈，与门楣石和门砧锈结在一起。情况探明，考古队认为之前的 3 个意见都不可取：第一，几块顶盖石板都有纵裂缝，又无法在其下先作支撑托住，这样起吊太危险了，如果石板断裂掉下，后果不堪设想；第二，在室内的石室结构情况未明的状态下，对石墙进行拆卸，也是不可取的；第三，在门下扩大坑道，事实上是行不通的，因为光是后藏室现在所见的大铜鼎、铁鼎就无法从坑道运出。

在进行第二阶段发掘前，大队人马到清远进行休整和总结。队长麦英豪申请留守值班。在留守的 3 天里，麦队除了照管发掘现场和文物仓库的文物上架等事之外，其余时间就泡在工地上想如何打开石门。面对石门，麦队想到了打石队，广州园林局园林工程队就有一支人强马壮的石工队伍，五羊石像、广州解放纪念像等广州著名城雕石刻都是他们刻凿的，兴许他们会有办法哩。立马，麦英豪就把石工队的陈日荣队长请到发掘现场，向他介绍情况，提出打开石门的要求：石门要打开，哪怕一扇也行，而且两扇石门要保存完好。陈队长一边听一边伸手在石门上上下探索。其后，他也钻进室内，随后出来，对麦队说：“按你的要求，石门可以打开，我回去准备准备，带人来。”

16 日下午，休整的队员回来了。17 日上午，考古队又将石门前的坑道扩宽挖深一些，让韩悦、姜言忠和何继东依次进室内拍摄和录像，把后部 4 室及石门里的状况记录下来，接着由杜玉生、冼锦祥入内测绘位于石门后的几堆陶璧的平面图，然后把部分陶璧暂时起取，为打开石门腾出一块可以工作的场地。16 时国家文物局与考古所的领导沈竹、夏鼐、王延芳来到工地，一来了解发掘的进展，二来慰问发掘队员。3 人视察了墓地的情况和清理发掘后的前部 3 室，又观看了早上拍摄的录像，夏鼐走到石门前伸手推了一下，笑着说：“老麦，这和满城一号汉墓的石门不同，但我认为还是想办法打开为好，不过，白荣金也拿它没办法，看来只有等石工师傅来出奇制胜了。”

梁灵光、夏鼐等同志在发掘现场

18日上午，陈队长带着两位助手，并搬来一套起重的铁葫芦及几条茶树木的撬棍。他们手脚麻利地搭起一个三脚支架，挂上铁葫芦。陈队长手拿小锄、小铲，由坑道入内，在右（西）边的门砧石下掏挖了一会儿，石门有点微动。再挖了一阵，石门斜移并张开一道小口。陈队长在里面喊："赶紧送入麻袋、钢丝绳，并进一人，扶稳门板！"接着，他再从石砧石下刨土。这石门板由4只大手把着，向东徐徐倾斜并下沉，门板的两边都有空隙了。只见他们利索地垫上麻包，缠上钢丝绳（一头已挂在铁葫芦的铁钩上），门外的助手不停地拉紧葫芦的滑轮，直至绷紧。石门板又稍向前倾斜，徐徐升起，石门开启了！围观的队员们向3位石工师傅报以热烈的掌声。后来检查发现，原来这道石门的门扇上下都安装有铜扣件，上头的门轴套着一个圆箍，下轴有垫碗，这些都因锈蚀严重而被卡死了。而且，两扇石门后同样有一石制顶门器，从里把门顶死。顶门器由5块像刀形的石板并列组成，中间3块稍短，可以活动。侧边两块稍大。每块石板均有一个直径2厘米的圆孔，在当中偏前处横贯一铜轴，再把它嵌入同等尺寸的直沟中。这样，两块大的石板起固定作用，中间3块因轴心偏

吊离主棺室石门

前，造成前轻后重，前部扬起，后部低垂状。当两扇大门关闭时，门板下沿刚好挂到顶门器的上面，把扬起的3块石板压下去，当两扇门板合平，当中3块石板就会扬起，刚好把石门下沿一角顶死。这样，从外是无法开门的。这是一个简单而又设计巧妙的防盗机关。

一侧石门打开了，主室内顿时明亮起来，室内的景象令人喜忧参半。喜的是，已见到棺椁位置的两头都有成堆的随葬品，后藏室的大铜鼎、大铁鼎等器物互相重叠，颇为壮观。而忧的是，眼见主棺室5块“挑檐”石板全部掉落到棺椁的位置上方，而且东西侧室及后藏室的“挑檐”石板同样都有掉落情况。看着这些大大小小掉落的“挑檐”石，不禁让人担心不知有多少宝贝被砸毁了。详细看过四个室的情况后，麦英豪队长决定发掘顺序：先主棺室，然后东西侧室穿插进行，最后清理后藏室。主棺室首要是先把四周边清理，腾出可以走动的空间。这个想法得到两位副队长的赞同。

主棺室位于后部4室当中，居于全墓的中心位置，是墓主棺椁安放地，其

石门后的顶门器

南北长 4.84 米、宽 1.84 米、高 2.30 米（内计），面积不足 9 平方米。清理工作首先是把掉落的石块移至室外，然后参照清理西耳室的做法，先用木板搭起一个低空的操作平台，这样操作起来就方便多了。3 位队长与负责主室清理的白荣金、杜玉生、冼锦祥、李季同站在平台上，一边端详室内棺椁位置，一边分析主室随葬物的分布情形。主棺室内上下左右前后都放置器物，有点立体布局的状态。就在队员所站位置的头顶上，有一个大陶瓿平放在门楣石板当中。

位于东墙根有一屏风需先行清理。这座漆木大屏风下葬时应是靠贴东侧室过道口放置的，作为一个阻隔。屏风中段有些铜构件被落下的“挑檐”石砸毁。而且，屏风的漆木架已朽，剩下少许残板的漆皮，鎏金的铜构件掉落墙根。紧接着清理散落在西墙脚的武器，共计有铁剑 4 把、铁矛 7 支、铁戟 2 件、铜戈 1 件、铜弩机 15 件以及大批的铅弹和铜箭镞。从它们分散的位置来看，这些器物大多原应放在棺椁上，只是后来棺椁被砸毁朽坏，才散落在棺椁四周。为什么椁面会有这些器物呢？从如此凌乱的现象来看，大概操办丧事的人，在墓主棺椁

主棺室出土情形

主棺室石门及门框上的陶瓿

移入主室之后，将上述器物匆匆放置于椁面，就赶紧跑出来了。因为墓室的两重石门关闭后，绝对不会再有人入内检查的。

清理墓主的棺椁是这次发掘主攻阶段的重头戏。从棺椁的板灰痕和棺椁内的器物分布情况，葬具可以判断是一棺一椁。内棺外椁相套合，左右的侧壁相贴，没有多余的空间。内棺与外椁的前、后（南、北）各留有一个长40多厘米的空间，分为“头箱”“足箱”。此两箱内放满随葬品，应该都是墓主人生前所喜爱的珍玩。内棺的遗物依墓主贴身随葬，尤为珍稀。清理开始，“足箱”部分主要由李季负责，“头箱”处则以杜玉生为主，内棺部分主要由白荣金和冼锦祥承担。

清理工作开始了，李季在“足箱”的几堆陶壁旁用竹签不经意地拔出一块小玉片，玉片的四角钻有小孔。“老麦，是玉衣片吗？”麦队长前往查看，“不错，你可再往前一点清理。”麦英豪指了一下棺椁的板灰痕给他看。李季按着所指，继续沿板灰的内侧，用竹签轻轻的拔去浮土，果然有多块的玉衣片露出来了。“玉衣，真是玉衣！”听到李季高兴的喊声，正在工作的几个人不约而同地围了过来想看个究竟。因为发现玉衣片的上面还有多层器物叠压着，不宜过急清理，还是把头足两箱的清理工作先完成为宜。

夏鼐先生在21日下午再次来到工地现场察看，听到发现玉衣，感到十分高兴。他仔细观察了主棺室露出的各种迹象后指出：棺椁已朽，应注意从板灰及附件的位置等获知其原尺寸大小；要勤记录、多绘图、多拍照，尽可能把各

夏鼐视察主棺室的发掘

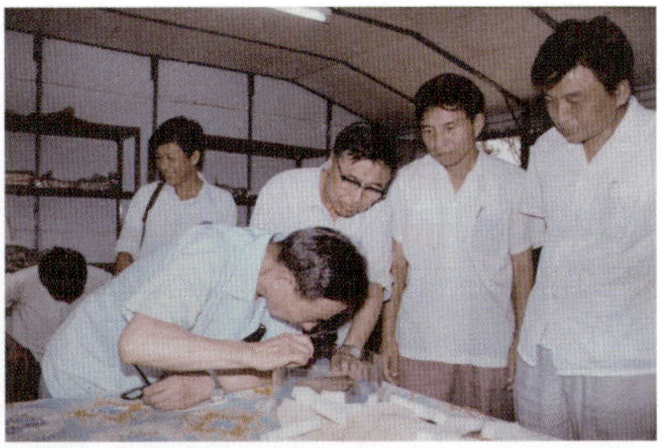

夏鼐等专家在研究出土器物

夏鼐等专家在研究出土器物

夏鼐等专家在研究出土器物

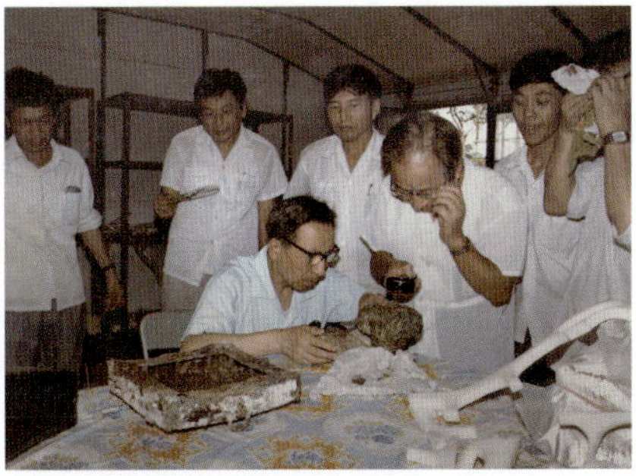

夏鼐等专家在研究出土器物

夏鼐等专家在研究出土器物

夏鼐等专家研究出土器物

“足箱”出土情形

种迹象详记下来，为以后的研究提供依据；并建议玉衣清出轮廓后，最好整取，以便室内修整复原。夏先生来得及时，从关键处给考古队做了提醒。

李季继续清理“足箱”的陶璧，共有 139 块，原叠置 4 堆，已倾倒了，中间藏着一个造型别致的蒜头纹银盒，盒内尚存药丸半盒。陶璧底部有两块玉璧，显然，当时把这批陶璧放入“足箱”随葬，是作为玉璧的明器而用的，寓意在“足箱”之内放入 141 块玉璧。

杜玉生清理“头箱”，首先在内棺前的板灰痕旁发现原置的两个大漆奁，已朽，只见一些漆皮，但位置清楚可认。右边的盛满珍珠，还在漆奁上压 7 块大玉璧。左边的装有钻凿痕的龟板。在这两个漆奁的前头，是一批十分精致的玉器，计有青玉角杯、玉盒、铜框玉杯各 1 件，玉带钩 3 件，嵌宝石银带钩，嵌绿松石铜带钩，这些器物每件都用丝绢裹缠着。这个头箱名符其实是墓主人的“藏宝箱”。

在棺椁的前部（北）有 3 个大盆一列排开，居中的一个为铜承盘高足玉杯，右边一个是大铜盆，被坠落的石头砸中变形，左边的原应是一个镶铜釦的漆盆，

发掘人员在提取铁剑

漆木已朽，只余铜釦。

9 月 22、23 日两天，集中人力进行棺内遗物的清理工作。上午收工前，相继清理出透雕龙凤纹重环玉佩饰、兽首衔玉璧、玉带钩等玉器饰物。玉衣的外轮廓已大致出来，几块大玉璧覆盖在玉衣的胸腹间。此时，比较费神、费时、费劲的是处理 10 把铁剑。这 10 把铁剑分置于玉衣腰际间的左右两侧，每边 5 把，且叠置一起。其中有 5 把是玉具剑，剑上有玉剑饰，但这些玉剑饰除了剑把上的玉剑格，其余部位的玉剑首、玉剑璏、玉剑珌都已从剑身脱落下来了，虽然大多数都坠落在原位置旁，但同样的剑饰是属于哪把剑的，这还颇费脑，如稍有疏忽，就会造成“张冠李戴”，给日后的整理研究工作造成误导。因为铁剑锈蚀膨胀造成漆木胎的剑鞘无一完整，多数的漆皮已脱落，剑鞘的残片上有多种捆绑材质和工艺都已十分脆弱。

考古队员只凭手中的一根小竹签和一把毛刷子，清理这批易损且构造又相当复杂的特殊物，动作要稳而准，必须耐着性子一点一点地推进。

就在白荣金和李季的清理范围中，出现了一件振奋人心的事情。在玉衣腹

考古人员在清理主棺室。左起杜玉生、麦英豪、黄展岳

部清理出“赵眜”玉印，“赵眜”玉印加上西耳室发现的“眜”字封泥，可以表明这是墓主的名章无疑，但无论《史记》还是《汉书》中，都没有“赵眜”的名字记载，这个赵眜到底是谁呢？正当对这个问题疑惑不解时，又发现了一枚“帝印”玉印，同样在西耳室也发现了“帝印”封泥。但这两个印文中的“帝”字和“印”字结构都有差别，说明封泥印的应是另一枚“帝印”。从“帝印”玉印和“帝印”封泥的出现来看，这墓主人应当是一位僭号称帝的南越王。据《汉书》载，南越国五主，称帝的只有一代南越王赵佗和二代南越王赵胡，墓主是谁的问题到此似乎就要有答案了，如果不是赵佗就是赵胡了。紧接着“泰子”玉印、“泰子”金印相继而出。“唉哟，又一枚金印，是龙钮的！”突然传来了黄展岳的喊声，虽然这喊声不大，却惊动了在场的所有人。这枚金印将会是揭开墓主身份的关键。一位性急的队员按捺不住自己的心情，伸手就想翻开印文看。“别动！”队长像下命令地冲口而出，加以制止。又轻声地说：“还未录像、拍电影、拍照呢，怎能就翻动？”那位队员整个人定住，伸出的手也在发抖，立马缩回去，有点不好意思对其他人说：“唉哟，一时激动，差点忘

了考古工作规程。快，快，拍完录像看看它到底刻什么字。”

韩悦肩扛电影摄影机，何继东举起录像枪，姜言忠的摄影机也调好了角度，他们 3 人轮番进出。大家心情紧张得默不作声，只有“吱、吱、吱……”响的摄影机声在寂静的室内回响。是啊，打从 6 月 8 日象岗古墓发现到 9 月 22 日，不知不觉过了近百个日日夜夜。队员们最期盼的是找到可以确切证明墓主身份的随葬品物证，现已摆在眼前，大家相信只要一翻开，这个谜必会解开，但得等着拍照摄像工作完成啊。此刻的时间像被凝结了似的。

两鬓花白的黄展岳先生这时静静地坐在室内一角，耐心等待拍摄工作完成后，只见他手执小毛笔，再次轻轻拂去金印上的浮土，小心谨慎地伸出两个手指捏住沉甸甸的龙钮，把金印提起放入手心，然后屏住呼吸，慢慢翻转。“文帝行玺”四字赫然而出，一件绝世 2000 年的镇墓之宝横空出世。大家按捺不住激动的心情，欢呼起来。广州考古队员多年的夙愿终于实现了，广州考古史上的一个重大而又古老的历史悬案解决了，南越王陵，终于由队员们的双手发掘出来。象岗大墓的墓主就是南越国第二代王——南越文帝。赵眜就是《史记》中记载，汉朝廷赐谥的南越文王——自称南越武帝赵佗之孙。

紧接的两天，清理墓主棺内遗物，每天都干到晚上十时或十一时，考古队员的精力和体力虽然大大地透支了，但一次一次的感叹，一波一波的惊喜，驱赶了所有疲倦。

主棺室内除了玉衣未动，其他的随葬物已全部起取完毕。玉衣整体已塌，下压至扁平，棺椁及墓室底部的铺板已全朽，玉衣之下有很薄的一层板灰，全套玉衣几乎是平贴着地面的。白荣金老师想出“竹签插取套装”法，一个最少干扰起取玉衣的方法。就是预先削好一批细薄的长竹片，每根长约 1 米，宽 0.02—0.03 米。在玉衣两侧，小心地将细长的薄长竹片逐条地从玉衣底部与地面间处逐分逐寸地横插进去，这样，整件玉衣像放在一张竹床之上，然后又在竹片下面插入几块大锌铁板，这样，玉衣连同里面的墓主遗骸，就被整体放置于薄铁板上了。接着，在外围套一个木箱，盖上几层棉纱纸，然后灌上一层石膏，钉上盖板，连同薄铁板一起翻转过来，这时揭去铁板和竹签，同样在玉衣背面盖上棉纱纸，灌入石膏，这回总算把散落的玉衣整体固定。

玉衣整取装箱后搬出墓室

就这样，曾经在位称帝16年的第二代南越王——象岗汉墓的主人，在白荣金的指挥下又乖乖地再一次躺入特制的“木椁”中，而且还只能脸朝下地趴着，由几位考古队员抬着“请”出了他的寝室，真有点委屈了这位南越王。

6. 东侧室——姬妾葬所

主棺室发掘告捷后，队员们兵分三路，同时对东、西侧室和后藏室进行清理。东、西侧室与主棺室并列，各有约11平方米，在全墓7个室中是最大的，但室内的殉人与随葬物相当拥挤。

东侧室清理开始。用木板搭架，以便考古队员在木板上走动，进行清理，清理工作由南向北循序渐进。此室内器物有些凌乱，在东墙脚处掉落的一块块挑檐石，上面竟有1件陶罐端端正正地放着。随葬物怎么会跑到石块上的呢？眼前景象让考古人员感到困惑。经再次细致的检查，发现了石墙上有水痕，由此，确认这个陶罐应是积水浮移而落到石块上。而且在室内顶盖石缝间还发现粘有一些漆器的残片，表明墓内曾灌满积水，朽坏的漆器残片，浮升至室顶并粘在石头上，而且水淹全室应有一段颇长的时间。到目前发掘所见墓内的铺地

东侧室随葬物出土情形

陶罐浮在掉落的挑檐石上

板、漆木、竹、丝、皮革等有机质的物品朽毁殆尽，就应是因为墓内经历了多次干、湿更替所造成的。

东侧室的清理工作由黄淼章、古运泉负责。队员最先在南部靠西墙壁处发现了殉人，尚存脊椎骨、牙齿等。经鉴定，年龄在20岁至35岁之间。在骨骸旁出有鎏金“左夫人印”龟钮铜印，还有铜镜、带钩、铜牌饰和一串由7件玉饰组成的组玉佩。与之相对的东墙壁下发现随葬品：鎏金“泰夫人印”龟钮铜印、铜镜、玉佩饰等，且多已浮移至棺位置之外。室内北部靠东墙下有铜镜、组玉佩等，还有一枚鎏金“囗夫人印”龟钮铜印，它是在移开上面放有陶罐的那块挑檐石板时发现的，关键的“囗”字被砸损了，但偏旁的“邑”可认。队员在清理北部西壁近过道口的位置处，发现了由玉璜、玉环、小玉璧、金珠等排列成串的组玉佩，还保持原位置，稍下还有1枚“赵蓝”象牙章和3枚无字玉印。紧接着又发现1对透雕玉环、1对玉璜、1对玉管和1个玉舞人相叠在一起，显然这亦是一串组玉佩。这边玉器的数量和镂雕的精美，暗示着这里埋的是一位尊贵的夫人。突然队员的竹签触到了一件硬物，他轻轻地把上面的泥

右夫人组玉佩出土情形

土剔去，一只金色的小龟呈现在眼前，再用毛刷扫去龟身上的余土，金龟下的四方印台显露出来了，原来又是一枚金印。

黄淼章和古运泉抢前进行绘图、照相，才去通知韩悦、何继东等来拍摄电影、录像，在南越王墓内一次拍到三枚金印出土，实属幸运。古运泉轻轻地将金印翻了个身，“右大人玺”四个工整的篆文蓦然在录像机的监视屏中出现。这次没有呼唤，没有雀跃，一片沉静，掩埋了近21个世纪之久的中国第一枚“右夫人玺”金印出土了。包括“文帝行玺”金印、“泰子”金印，南越王墓竟出有3枚金印，这在中国发掘的汉墓中可说是首次啊！

东侧室是墓主4位夫人的葬所，从残存的迹象看，这些夫人都是有棺木入殓的，但已全朽。随葬物除了上述4位夫人棺位内的遗物外，在棺位置周围及南北两头还有许多器物，如铜器有提筒、鍪、盆、匜、熏炉、带钩、镜、牌饰等日常用器和杂用器共89件。铜镜就出有14件，是7室中出土最多的。铁器有削刀、刮刀、镊子等23件。陶器有瓮、罐、鼎、盒、三足盒、壶、瓿、盆、熏炉等45件。漆器全朽，从残存的漆皮中可辨器物有博局、案、盒等11件，

西侧室清理前的情况

还有“衍”字封泥5枚。因室内积水，器物浮移，位置凌乱，上述器物是属哪位夫人的已无法考究了。

7. 西侧室——仆役葬所

西侧室的大小结构与东侧室相同，其石构保存状态是7个室中保存得最好的，除了东壁石墙上掉落几块小的石头外，周壁的石墙和顶盖石未见有裂痕，石墙上的黄土泥浆抹缝也保存下来。清理工作由副队长杨式挺和陈伟汉、吕烈丹负责。此室的随葬物不多且多已露出，覆盖的浮土很少，中间有大片地板灰痕，北部有成堆的动物遗骸。当经过7天的细致清理之后，揭开了一个令人触目惊心的场景：室内的南部有5具殉人的遗骸，均无棺具，殉人仰身直肢，直接摆放在地上。经过细心的剔拔，殉人的骸迹大致可辨，发现了两个特殊的现象：一是5殉人成西南—东北斜向平行排列，且是头脚朝向相反间错放置；二是殉人的头部都覆盖一面铜镜，寓意是什么？未明。遗骸保存很差，有的一触即碎。但牙齿保存下来了，这有助于对殉人的年龄的鉴别。第一位殉人是头向东北，脚朝西南，骨架不完整，从残骸的足部到头部仅1.25米，经鉴定年龄约20岁，

西侧室 5 个殉人的遗骸

性别未明。第二个殉人的头朝向与第一位相反，依偎在第三位殉人的旁边，也许有亲属关系，遗骸残长 1.05 米，经鉴定，可能已成年。第三位殉人的头向东北，脚朝西南，骨架保存较完整，葬式仰卧直肢，遗骸长 1.55 米，经鉴定为一约 40 岁的中年女性。第四位殉人亦是头向东北，脚向西南，有部分遗骸被墓顶掉下的石块所砸，为 30—35 岁的壮年，性别不明。第五位殉人的头朝向与第四位相反，骨架腐朽严重，据牙齿鉴定，殉人为一青壮年。在五位殉人中以第三位殉人最为特别，她除了拥有玉环、玉印（无字）和玉璜，还有铜镜、铜熏炉和玉卮。玉卮用多层丝绢包裹着，放在殉者头外侧。玉卮是汉代帝王用的最高等级的酒器，这位殉人生前大概是最受墓主人喜爱的仆役，抑或是这些从殉仆役的领班。此外，室内还出有铜匜、铜盆、铜勺、铜熏炉、漆盒等几十件器物。室内中出土了几块封泥，有 1 块出在一陶罐内，篆文“厨丞之印”4 字，为小篆阳文，有田字格。据《汉书 · 百官公卿表》中记载，詹事属下有厨，厨有长丞。詹事的职责是“掌皇后太子家”，因此，厨丞当是掌管皇后太子家饮食之事的长官。“厨丞之印”的出土，说明南越王国也设有厨官署，置厨丞。这表明该室的器物下葬时是由厨丞官员检验缄封的。由此，推想此室的殉人身份应为御厨的隶役。除“厨丞之印”外，还出有“泰官”封泥，其大小书体皆同，阴刻篆书，印面有竖隔和边框。泰官即为太官、大官。古籍中，泰、太、大三字是互通的，但以写作“太官”较为多见。这是掌管皇帝饮食的职官。南越王墓出有“泰官”封泥，表明南越国也有“泰官”设置，其职责也是掌管南越王的饮食。挂有“泰官”封泥匣标签的器物，应是由泰官令署检核缄封，然后放入墓中随葬的。

室内的北部有成堆的牛、猪等动物遗骸，因积水漂移，牲骨比较凌乱。从骨骼可以看出，这些都是去头去尾的祭牲，而不是全牛、全猪。在靠近门道处还有少许鸡、鱼类的骸骨，应是从北漂移来的。令人惊异的是，在这堆祭牲前又发现了殉人的遗骨，比较凌乱，可以确定属两人的个体，无疑也是殉人了，但是否属“人祭”，因墓内有过积水浮移，尚难断定。而室内成堆的猪、牛骨部分有火烧痕，可能为祭奠主人的祭牲。

殉人葬俗是奴隶社会中盛行的野蛮陋习，天子、诸侯、贵族死后，往往用

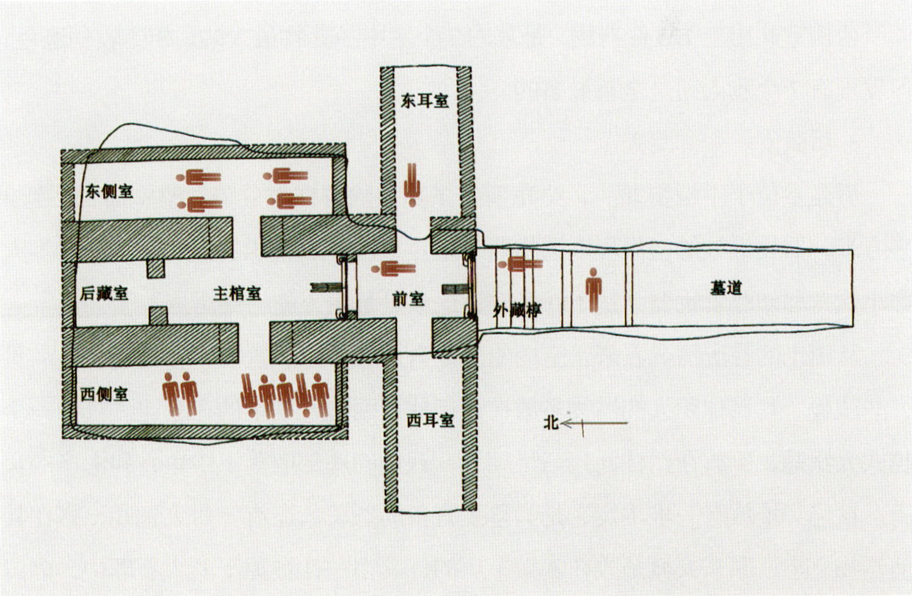

15 个殉人出土位置示意图

许多奴隶陪葬。这种人殉制度一直延续到春秋战国年间。进入封建社会以后，随着生产力的提高，劳动者作为“人”的价值也随之提高。因此，封建国家在法律上承认奴婢作为“人”的社会地位，不能随意用人殉葬。西汉时就有诸侯王因擅令奴婢从死而获罪除国的记载。时至今日，在已发掘的中原诸侯王墓来看，未见殉人的残迹，两汉诸帝陵因尚未发掘，有无人殉还不明了，但《史记》《汉书》均无相关的记载。虽汉朝有禁止人殉的法令，但对于地处边远的南越王国却起不到作用。南越王本身虽为汉人，并接受了汉廷中央的封号，王国中的高官建制也多仿效汉廷，表明他是慕效汉朝而不甘为“蛮夷”。另一方面王国内还用残暴的黥刑、劓刑，《史记·南越列传》中记载：“婴齐尚乐擅杀生自恣”。本来中原已禁的人殉，在岭南仍旧保留。南越王墓出有15个殉人，考古人员在发掘过程中亦细心考察，在墓中并未发现有两次下葬的任何痕迹，因此，这15个殉人当是赵眜死后封陵前被赐死一起入葬的。1976年广西贵县发现南越国时期的罗泊湾1号大墓，发现有7个殉人。在南越国统治时期，贵县是南越国辖境内的重邑。象岗和罗泊湾两座人殉墓的发现，表明了《汉书·严朱吾丘主父徐严终王贾传》中所说的“越人名为藩臣……不用天子之法度，非一日之积也”是真实的。

西侧室共出土125件器物，是墓内7个室中随葬物最少的，相比较稍逊色，但发现有7个殉人则是全墓最多的。

8. 后藏室——御厨美馔

后藏室位于主棺室北头，由东西两条贴墙的方柱作分隔。整室面积不到4平方米，器物堆放的密集程度远超西耳室。室内多层叠压的铜、铁、陶器等大中小炊煮和储存食物器具达140多件，这应是墓主人的“御厨房”了。

从出土的叠压情况看来，室内原来是有木架分层放置的，木架腐朽，尚见一些残板。凡属体积大的器物多放在近门柱及西边，其余的在东边。其中一个越式大铁鼎，倒放在门柱间，三足朝天，铁鼎的底部散落不少鱼骨和海产的贝壳。铁鼎旁堆放有一堆木炭，是为墓主置备的柴薪。还有一对大铜鼎，搁在其他器物之上，原来大概是放在木架上层的，其中一件被掉下的大石砸中，鼎口与腹部出现裂缝，但没被砸扁，显然其合金的硬度颇高。

后藏室随葬物出土情形

9月26日，后藏室的清理由杜玉生、冼锦祥负责。他们将掉下来的大石移走，庆幸的是室顶落下的泥土不多，器物全露出来，稍加清扫就可测绘、记录和给器物编号，拍摄工作完成，两人合力起取器物。共起取铜器有56件、铁器20多件套，除了一件大铁鼎外，其他铁器都与铜炊煮器配套使用。其中煮肉的大小铜鼎、铁鼎就有20件。最大的一对越式铜鼎，高56厘米，口径52厘米。大铁鼎高48厘米，腹径47.5厘米，这是岭南地区发现西汉初年最大的一件铸铁器件。此外，还有大小各异的铜烤炉，配有大小不一的铁叉、铁扦子，可用作烧烤家禽、排骨和骨串。还有干煎肉的煎炉，蒸饭用的铜釜甑1套，11件用于熬粥或涮食海产的铜鍪，此种器具中发现有青蚶、龟足、家鸡等的残骨。酒器中有藏酒的提筒、盛酒的壶和蒜头瓶。还有用于盛水或储存食物的铜鉴。有盛食物用的鋗和盘，还有一个银盘，底部有“乘舆”等刻字（乘舆是皇帝专用器物的代称），表明这些是墓主生前就餐的用器。室内存放的陶器共66件，以罐为主，其次是瓮、三足盒、鼎、瓿等储存容器。

这些陶器、铜器入葬时大都装有食品，但已腐朽了，仅在其中的个别瓮、罐、铜鼎、铜鍪等30件炊煮器和储容器中发现一些动物的残骸，其中以贝壳类为多，且个体较全，禽畜类次之。此外，在东耳室和东侧室的陶或铜容器内，也发现一些海产品和禽畜的遗骸，应是作为食品随葬的，但在西侧室较特殊，出土的动物遗骸，是直接放在地板上，部分还有烧烤痕迹，主要是猪、牛、羊，应是祭奠的牺牲。

象岗南越王墓出土的动物遗骸，数量多，种类丰富，在全国的汉墓中也是不多见的，经鉴定有：黄牛、家猪、家鸡、山羊。水产类有中华鳖、花龟、黄鱼、广东鲂、鲤鱼、青蚶（2000多个体）、龟足（1500多个体）、楔形斧蛤（200多个体）、耳螺、笋光螺、禾花雀（200多个体）和竹鼠。这些动物均为广东地区的物种，并没有发现非本地区的动物。具有鲜明的珠江三角洲沿海动物区域的特点。

值得一提的是，在三个陶罐子内发现的禾花雀骸骨都是去头、足的。禾花雀是候鸟，每年秋末冬初从北方飞来，啄食水稻吐穗扬花之后刚灌浆的稻穗，故名。此项发现，一是证明南越大地早在两千年前水稻种植业就很发达。二是

“泰官”封泥

因禾花雀是一种季节性食材，由此推测墓主人入葬时间就是秋冬之际。

此外，在后藏室的随葬物中还有 1 对铜灯、1 对铜铎和 9 件鱼形陶响器。铜灯有 3 个尖锥状的插座，表明可以点 6 支烛。铜铎则是敲击乐器，陶响鱼是舞蹈时击拍用的沙槌。这些为墓主人歌舞夜宴的器物，本应放置于东耳室（宴乐声所）或西耳室（本室出有铜铎与陶响器），现却置于后藏室这个“御厨房”，确实令人费解。

后藏室还发现了 13 枚“泰官”封泥，与炊煮器同出。泰官是掌御厨伙食的总管，看来室中随葬的炊容器和食物等都是经由这位总管缄封入藏的。

象岗南越王墓被发现后，从精心筹划、周密准备到紧张有序的发掘清理共经历了 100 多天。室外工作结束后，考古队随即转入下一阶段的室内整理工作。队员们一方面整理了田野资料，同时对出土器物进行清点、清洗、修复、加固等，对各类不同器物做了大量的测绘、拍摄，对有需要的还做了检测分析，工作繁杂，要求细致。到最后是发掘报告的纂写与研究。此墓发掘后，确认墓主是南越国第二代王赵眜，又名赵胡，为西汉武帝时藩属国的诸侯王。墓葬未被盗扰，保存完好，出土随葬物 1000 多件（套），丰富多彩，蔚为大观，足以说明当时中原大地的厚葬之风对边陲的南越王国影响极大。但这座王陵的规制布局有别于同时期的诸侯王墓。区别在于，一是不封不树，墓地地面不留痕迹，更不会有陵园，墓主大概是仿效其祖赵佗“秘奥神秘之墓”而“慎终其身”[1]；另外，墓穴采用土石坑加崖洞相结合的新形式；再者，以前朝后寝的布局，墓室坐北朝南，前后两部分有石门分隔。听政的朝堂在前，居住的寝宫在后。这应依照其生前僭制的宫廷生活而设。

注释：

1.《史记 · 南越列传》及《说苑 · 奉使》。

发掘结束后全体队员合影

前排：谭庆芝、苏桂芬、黄杰玲、吕烈丹、卢笑媚、钟映波、丘书怀、赵伟森、施申、梁乃明、张明
第二排：武宇红、叶超强、麦英豪、黄展岳、施振、黄景略、蔡学昌、饶志忠、杨式挺、胡栋华、黄敏
第三排：冼锦祥、古运泉、陆寿麟、李最雄、王林、陈伟汉、杜玉生、黄淼章、韩悦、李季、白荣金、廖明泉、后德俊、黄清泉、陈灿强、伍忠民、李卫华、何国伟、曾海胜、姜言忠、宗鲁峰
（从左而右）

五

古印传奇

（一）精致的印玺

印玺的发现对墓葬的考古具有不同寻常的意义。它为确定墓主身份提供了重要证据和线索，对考证墓葬年代也提供了有力的证据。南越王墓出土玺印共23枚，材质有金、铜、玉、水晶、玛瑙、绿松石和象牙共7种，其中刻有印文的有11枚，实在令人惊喜。从这批玺印的拥有者来看，当时王室等级森严。拥有玺印最多的是墓主人，他贴身随葬玺印9枚，分别装在3个小漆盒内（漆盒已朽，尚见漆皮与朽木痕），置于丝缕玉衣上面，由上胸到腹间呈纵列：第

玉衣上印章出土情形

一盒有“文帝行玺”龙钮金印和 2 枚无字玉印；第二盒有“泰子”龟钮金印、“泰子”玉印和无字的玉印各 1 枚；第三盒有“赵眛”玉印、“帝印”螭虎钮玉印和无字绿松石印各 1 枚。三盒玺印排列的次序颇具含义：第一盒内的“文帝行玺”表明墓主的皇帝身份；第二盒的 2 枚“泰子”印，这是一主赵佗之子的官印，因早殁，没有继承王位，由佗孙赵眛接掌；第三盒的“帝印”与名章“赵眛”印共存，一可表明，供内廷行使的用印，二反映了“赵眛”的名章的性质。加上西耳室中的无字玛瑙印、无字水晶印和无字绿松石印各 1 枚，墓主人实际拥有印玺共 12 枚。东侧室的右夫人拥有“右夫人玺”龟钮金印 1 枚，“赵蓝”象牙印 1 枚和无字的玉印 3 枚，合共 5 枚。另外，她还有两套组合华丽、雕镂精美的组玉佩饰。在本墓的 15 个殉人中，她的身份地位仅次于墓主人。至于左夫人、泰夫人、囗夫人亦各有 1 枚鎏金铜印随葬，印材虽为铜质，但鎏金亦可视同黄金印。

玺印中有一枚“景巷令印”鱼钮铜印，这枚铜印是南越国仿效汉朝设置官制的一个重要物证，为我们了解南越王国的建制提供了实物佐证。以鱼为钮尤为特别，是国内所见不多的鱼钮铜印。西汉王朝的内廷有“永巷”，“永巷”即俗称的“冷宫”，犯了罪的姬妾宫女都要被罚入“永巷”监禁，而“永巷”的监理官员“令”则由太监担任。古代“景”“永”相通，可能是南越国避“永”字的讳，而称“景巷令”的官衔。可见这位殉人是管理南越国王国后宫“景巷”的一位宦者，他身旁置车，也许还要兼任驭者，为墓主驾车。

“景巷令印”鱼钮铜印

“景巷令印”鱼钮铜印印文

"厨丞之印"封泥

"鄰鄉侯印"封泥

"泰官"封泥

还有 1 枚玉印，是西侧室的 RVII 殉人所有，她除了有组玉佩饰、铜镜、铜熏炉之外，还拥有铜框玉卮随葬。史载，未央宫成，置酒前殿，汉高祖刘邦奉玉卮，起为太上皇寿。可见在汉代，玉卮是最高级的饮酒杯具。这位殉人生前必定是深得墓主人喜爱，因而赏赐丰厚。西侧室的第 IX 殉人也有 1 枚铜印，还拥有铜镜、铜带钩、铜熏炉等随葬物品。西侧室中这 2 个拥有印章的殉人与其他 5 个殉人的身份，虽然同属王室的隶役，但显然，其地位比她们高出一等。

墓中所出的"景巷令印""右夫人玺"金印等说明南越王墓殉葬者的身份都较高。这种用身份较高者殉葬的情况在同期诸侯王墓中是十分罕见的。

本墓出土的 23 枚玺印，有 12 枚的印面未见有印文，或许原来用朱或墨书写未刻，因长期深埋地下而脱失了。有印文的 11 枚，除"赵眜""赵蓝"这两枚属名章外，其余 9 枚全是官印而非明器。此外，同墓亦出有钤印"帝印""泰官""厨丞之印""鄰鄉侯印"官印封泥 22 枚。这批南越国自镌官印，基本上模仿汉官印镌制，官名称谓亦依照汉制，镌刻时间大部分在汉武帝时期，少数可以早到景帝时，从印玺上所留的痕迹来看，应都为实用印，用官印随葬，这是南越王室的特殊之处。除"文帝行玺"边长 3.1 厘米外，余均在 2.2—2.4 厘米。阴刻篆书，四字或二字，字体工整，除个别外，字旁都有栏界。钮式大多作龟钮。此外有覆斗钮、螭虎钮、鱼钮、龙钮。除龙钮外，其他均为汉印所常见的。出土的封泥"泰官""厨丞"，以及在随葬物上铭刻的"私官""少内"等职官名称，亦是汉印所常见。虽如此，从某些官印上还是能看到其有别于汉印。其一，西汉田字格官印不太多，从西汉初期开始，印面不带界格的形式成为主流，而从出土官印来看，仍以田字格为主流。这可能因赵佗原是秦将领，随同南下的中原士民同受秦文化影响极深，故其后裔仍保留秦官印的传统制法；其二，“泰子”“帝印”“右夫人”“左夫人”“泰夫人”“□夫人”这些反映官名称谓的，均为汉印所未见；其三，墓中出土官印钮式虽多采用同汉官印的龟钮，但它们的形制有差异。中原官印的龟钮多形体较扁平，龟头上仰，四足伏地，作蹲缩状。而墓中所出官印的龟钮形体呈拱桥形，龟背隆起，甲缘宽平，龟头微仰，两眼圆突，作爬行状。传世的汉初鱼钮“南郡侯印”与墓中出的鱼钮“景巷令印”的钮制亦有不同。前者鱼钮背平直，胸鳍、尾鳍贴近台面；后者鱼钮背隆起，胸鳍、尾鳍作四足直立状。由此可见，南越国的官印的形制虽多仿汉印，但毕竟南越国是割据岭南的地方政权，在长期汉越杂处的发展历史中，形成其自身的特点。墓中所出的印玺为我们了解南越国的百官制度、殉葬制度等提供了极为重要的实物资料。

23 枚印玺

文物号	名称	长（厘米）	宽（厘米）	高（厘米）	质地、颜色	印文	钮式	重（克）	特点	出土位置
A42	“景巷令印”铜印	2.4	2.4	1.8	铜，锈蚀	景巷令印	鱼	27.97	有田字界格。阴刻篆体，铸制，加工刻凿	前室殉人随葬品
C139	绿松石印	1.5	1.5	1.8	绿松石，翠绿色		覆斗	7.8		西耳室
C97	玛瑙印	2.2	2.2	1.5	玛瑙，奶白色		覆斗	15.1		西耳室
C260	水晶印	1.9	1.9	2	水晶		覆斗	14.5		西耳室
D78-1	玉印	2.2	2.25	1.8	青玉，浸蚀成黄白色		覆斗	18.5		主棺室墓主玉衣上胸至腹纵列第一盒
D78-2	玉印	2.3	2.3	1.65	青玉，土沁成黄白色		覆斗	18		主棺室墓主玉衣上胸至腹纵列第一盒
D79	“文帝行玺”金印	3.1	3	1.8	金	文帝行玺	龙钮	148.5	有田字界格。阴刻小篆，铸制，加工刻凿	主棺室墓主玉衣上胸至腹纵列第一盒
D80	“泰子”玉印	2.05	2.05	1.25	青玉，青灰色	泰子	覆斗	12	无栏，无竖界。阴刻篆体	主棺室墓主玉衣上胸至腹纵列第二盒
D81	“泰子”金印	2.6	2.4	1.5	金	泰子	龟	74.7	有边栏、竖界。阴刻篆体，铸制，加工刻凿	主棺室墓主玉衣上胸至腹纵列第二盒

文物号	名称	长（厘米）	宽（厘米）	高（厘米）	质地、颜色	印文	钮式	重（克）	特点	出土位置
D82	玉印	2.15	2.15	1.65	青玉，浸蚀成黄白色		覆斗	16.7		主棺室墓主玉衣上胸至腹纵列第二盒
D33	“赵眜”玉印	2.3	2.3	1.6	青玉，浸蚀成黄白色	赵眜	覆斗	16.7	有边栏、竖界。阴刻篆体	主棺室墓主玉衣上胸至腹纵列第三盒
D34	“帝印”玉印	2.3	2.3	1.7	青玉，浸蚀成黄白色，有黑斑	帝印	螭虎	18.2	有边栏、竖界。阴刻篆体，印台的四侧刻有“T”形的云纹	主棺室墓主玉衣上胸至腹纵列第三盒
D83	绿松石印	2.2	2.2	1.9	绿松石，翠绿色		覆斗	18.5		主棺室墓主玉衣上胸至腹纵列第三盒
E90	“右夫人玺”金印	2.15	2.15	1.5	金	右夫人玺	龟	65	有田字界格，阴刻小篆，铸制，加工刻凿	东侧室右夫人随葬品
E141	“赵蓝”象牙印	1.9	1.9	1.4	象牙，浸蚀成黄白色	赵蓝	覆斗	8.4	有边栏、竖界。阴刻篆体	东侧室右夫人随葬品
E140-1	绿松石印	2.1	2.1	2.2	绿松石，翠绿色		覆斗	19.2		东侧室右夫人随葬品
E140-2	玉印	2.1	2.1	1.6	青玉，土沁成黄白色		覆斗	15.3		东侧室右夫人随葬品
E140-3	穿带玉印	2.4	1.2	0.7	青玉，土沁成黄白色			4	长方条形，纵穿孔	东侧室右夫人随葬品
E45	“左夫人印”鎏金铜印	2.4	2.4	1.7	铜，表面鎏金，锈蚀	左夫人印	龟	26.2	有田字界格。阴刻篆体，铸制，后加工刻凿	东侧室左夫人随葬品
E56	“泰夫人印”鎏金铜印	2.5	2.5	1.7	铜，表面鎏金，锈蚀	泰夫人印	龟	21	有田字界格。阴刻篆体，铸制，后加工刻凿	东侧室泰夫人随葬品
E123	“囗夫人印”鎏金铜印	2.5	2.5	1.8	铜，表面鎏金，锈蚀严重	囗夫人印	龟	29.6	有田字界格。阴刻篆体，铸制，后加工刻凿	东侧室囗夫人随葬品
F81	玉印	1.5	1.5	1.2	青玉，土沁成黄白色		覆斗	6.2		西侧室RVII殉人随葬品
F44	铜印	1.2	1.2	1.2	铜，锈蚀严重		覆斗	2.7		西侧室RXI殉人随葬品

（二）罕见的三枚金印

传世和发掘的古印成千上万，以铜印最多，金印最少。金印之所以稀少，不只因为它属贵金属，而最重要的原因是古代封建社会等级制度对使用金印有严格的规定。《汉书·百官公卿表》载：“诸侯王，高帝初置，金玺盭绶。”

“文帝行玺”金印出土情形

两汉时可以使用金印的，只限于皇太子、诸侯王、列侯、关内侯、贵人、三公、丞相、大将军、车骑将军、卫将军、前后左右将军这些贵戚高官，以及少数民族的高级首领。据东汉卫宏《汉旧仪》所记：“秦以前，民皆配绶，以金、银、铜、犀象为方寸玺，各服所好。”看来，战国已有黄金印，但考古未见出土。秦国15年，未见有秦金印。而目前已知的汉金印共有12枚，南越王墓便占了3枚。分别是“文帝行玺”龙钮金印、“泰子”龟钮金印、“右夫人玺”龟钮金印。

“文帝行玺”龙钮金印。出于墓主人的胸腹部位，印台长3.1厘米、宽3厘米、台座高0.6厘米、连钮高1.8厘米，重148.5克。经电子控针测定，含金量达98%。印面有田字界格，阴刻篆书“文帝行玺”四字，印文书体平正，刚劲有力。印钮是一条三爪游龙，盘曲成“S”型，首尾和两足分置于四角上，首微昂，作欲腾跃疾走之势，庄重浑厚，堪称冠绝一时之杰作。此印的材质、印文称谓、规格大小都与汉代的帝皇印不相符合。且据文献记载，汉皇帝印是白玉螭虎钮，因此，有一种声音认为这枚金印是墓主死后临时铸刻用于陪葬的明器。但实际上并非如此，金印印文的称谓用“文帝”而不仿效汉廷用“皇帝”，这点不同

“文帝行玺”龙钮金印印钮

“文帝行玺”龙钮金印印文

“文帝行玺”龙钮金印拓片

正是南越王用玺的特别之处，是南越统治者有意为之的。据《史记》《汉书》载，南越国一主赵佗生前就给自己上了封号“武帝”，到第二代王赵眜效法先祖而自称“文帝”，在位时私自铸玺，死后藏于陵寝。它与汉朝皇帝的“文帝”“景帝”等死后追加的谥号有本质的区别。且墓中出有 8 件一套的铜勾鑃，每个都铸有“文帝九年 乐府工造”的铭文，表明赵眜生前还把自己的称号用来纪年。

至于以龙为钮，黄金铸成，打破了秦汉时期天子用玺以白玉为材料，以螭虎为钮的规制。龙，是东方人想象中的灵物，与麟、凤、龟合称为“四灵”。龙被视为君主或帝王的象征，如“祖龙”指秦始皇。南越王的金玺以龙为钮，把皇帝象征与代表最高权力的帝玺结合起来，这是南越国的创举。这使人联想到赵佗对汉高祖派来的使者陆贾说：“吾不起中国，故王此。使我居中国，何遽不若汉！”[1]从这枚金印也可看出南越国开国之君的自负、自信，处处都以皇帝自居。

根据以往发掘的资料来看，埋入墓中的官印，大都是用临时刻凿的仿制品，不会用实用品。但在整理器物时，在放大镜下检视，不仅清楚见到“文帝行玺”4字篆文的文道很深，如一条直沟，沟壁光滑垂直，沟底像鳞片一样，一条条等距的小横划，这是用利凿刻凿后留下的痕迹，表明印文是先铸后加刻凿的，印钮的龙同为先铸后刻鳞片。更令人惊喜的，印面的沟槽内印台的四壁都留有不少碰伤和划痕，并有暗红色的印泥。又在印钮的龙身隆部位，肉眼亦能看到两侧磨擦得特别光滑，试用手指比试，这正是捏印的两手指接触处。这些留痕是长期使用的证明。这枚“文帝行玺”金印，毫无疑问是南越国自铸且是南越王生前的实用“皇帝”金玺。

秦汉皇帝玺究竟是几枚？从考古发现结合文献记载得知，有一玺、三玺和六玺三种说法。一玺说，从《史记》和《汉书》的记载来看，秦始皇仅有一玺。汉高祖即皇帝位之后，把秦始皇的传国玺自佩，其后成为西汉朝的传国玺。象岗南越王墓的发掘所见，南越王僭称皇帝，也只是一玺。至于三玺说，见《汉书·霍光传》载：汉昭帝死后，昌邑王刘贺“受皇帝信玺、行玺大行前”。颜师古注引孟康曰：“汉初有三玺，天子之玺自佩，行玺、信玺在府节台。”而六玺说最早见于东汉卫宏的《汉旧仪》载：“皇帝六玺，皆白玉螭虎钮，文曰：皇帝行玺、皇帝之玺、皇帝信玺、天子行玺、天子之玺、天子信玺，凡六玺。”现在看来，“汉初三玺”之说最为可信，虽各皇帝玺未被发现，但在清人辑《封泥考略》中收录一枚传世的“皇帝信玺”的封泥，2.7厘米×2.7厘米（实物现藏日本东京国立博物馆）。1968年在陕西咸阳还发现了一枚“皇后之玺”玉印，螭虎钮，印台四侧刻云纹，印文阴刻篆文，2.8厘米×2.8厘米。这枚白玉印的发现地点距离汉高祖刘邦与吕后合葬的长陵不远，西汉末年，长陵被盗掘，此印可能是当年遗落此地而幸存的。又有1983年湖北江陵张家山247号汉墓（西汉初吕后年间）出土简书《二年律令·贼律》证实。上面写道："伪写皇帝信玺、皇帝行玺，要（腰）斩以匀（徇）。"这些印文与文献记载相符，表明汉皇帝确有"信玺""行玺"和"之玺"3枚玺印。同时其大小相当于汉尺的一寸二，与方寸汉印相近。以此对照，本墓出土的"文帝行玺"金印明显偏大。

既然"汉初有三玺"但南越王身上只随葬"文帝行玺"，是否还有"文帝信玺""文帝之玺"未发现？要探讨这个问题就要先弄明南越王国的政治建制是否完全按照汉制。"某帝"之称谓本应是新继位的皇帝给已故的皇帝追赠的庙号，如汉朝的"景帝"是他儿子刘彻（武帝）继位时给追赠的。然南越国却不遵循传统。南越一主自称武帝，二主自称文帝，这已有异于汉廷。《汉书·西南夷两粤朝鲜传》说，第三代南越王婴齐，为表明他诚心归顺汉朝，不敢再立僭号，故"藏其先武帝、文帝玺"，一说明此金印是婴齐藏入墓中的，二表明南越王生前只有一玺。但为什么墓主身上随葬的9枚印玺中没有武帝玺呢？看来，婴齐在操办其父的丧事时，只是把赵眜生前所用的玺印瘗藏，赵佗的武帝玺则另行收藏。另墓主身上还有两枚"泰子"印、一枚"帝印"和另一枚"赵眜"名章同出，说明婴齐是把其父生前所用和有关的印信都随葬了，如果南越一主和二主都是仿效汉制的皇帝三玺，则赵眜下葬时婴齐不把其父的三玺俱葬，只放入其中的一玺，于理不合。

"文帝行玺"金印是我国考古发掘中第一次出土的汉代"皇帝"印，印章无论是从质地、印钮、规格等与秦汉官印都有迥异之处。以龙钮替代螭虎，印面规格超方寸的常规，印文不用"皇帝行玺"而用自尊号"文帝行玺"更具特色，充分反映了南越国在承袭秦汉之制的同时，还具有浓郁的本地区政治文化色彩。同时为确定墓主人的身份、墓葬的绝对年代以及对墓中随葬物的研究奠定了极为重要的前提和基础。据班固的《汉书》记载：南越国王二主赵眜死后，其子婴齐继位，慑于汉中央的国力强盛，婴齐首先废帝号，并把其祖先自铸自用的帝玺藏起来。这枚金印就是他在操办其父的丧事时装入棺中的。

据研究，赵佗终年超百岁，《史记·南越列传》及《汉书·西南夷两粤朝鲜传》

未有提及赵佗之子的事，大概因赵佗长寿，其子还未来得及继位已于他先逝。墓主赵眛只是赵佗的孙子。那南越第一、第二代王之间究竟是个怎样的祖孙关系呢？查考《史记》《汉书》都说，汉文帝元年（前 179），朝廷派遣陆贾第二次出使南越，南越王赵佗接见陆贾时，对陆贾说："老夫处越四（应是"三"之误）十有九年，于今抱孙焉。"也就是说这年赵佗才抱孙子，其时赵佗有多大呢？我们假定赵佗 20 岁从军，到这时已是耳顺之年，"武帝建元四年（前 137）卒，佗孙胡为南越王。"继位的是佗孙而不是佗子。那这位继位的佗孙是不是文帝元年时所抱的孙？也不是。因为由文帝元年到赵佗卒已相隔 42 年，再加上南越第二代王在位 16 年，共计 58 年。假定赵佗死后由长孙继位的话，这位南越文帝死时是已近 60 岁的老人了。但从裹在"丝缕玉衣"内的墓主遗骸鉴定，死者是个 40—45 岁的男性，因而可以进一步确认墓主是南越国第一代王赵佗的次孙。

墓主身上出有"泰子"金印和"泰子"玉印各一枚。"泰子"金印为方形，龟钮，印文为篆书"泰子"二字，有边栏和竖界，文道较深，沟道两壁光平且直，沟槽底有波浪形起伏的凿刻痕，显然为先铸后凿。印面光平如镜，十分精致。印钮龟背上有点和线组成的鳞状纹。印台长 2.6 厘米、宽 2.4 厘米、通高 1.5

"泰子"龟钮金印

“泰子”龟钮金印印文

“泰子”龟钮金印拓片

“泰子”玉印

“泰子”玉印印文

“泰子”玉印拓片

厘米。“泰子”玉印为方形，覆斗钮，钮下横穿一小孔以系印绶，印文阴刻，无边栏，无中界。“泰”字宽大，约占印面三分之二，“子”字瘦窄，只占印面三分之一。两印印型、印文书体风格迥异。印文作“泰子”二字的印章，在传世玺印中未见，考古发掘中亦属首次发现。这两枚“泰子”印为目前首见的“泰子”官印实物。

泰、太互通，泰子当即太子。汉代册立嗣位的皇子称太子，赵佗僭号武帝，推测其册立嗣位之子亦称太子。墓主与赵佗是祖孙关系，于是这两枚“泰子”印成为人们关注的焦点。一种看法是，赵眜与赵佗既是祖孙关系，一般来说就不该称作太子了，所出的“泰子”金印和“泰子”玉印应是赵佗之子的遗物，因佗之子未及嗣位而亡，故两枚“泰子”印传为赵眜掌管，及至赵眜死，其子三主婴齐便随同“文帝行玺”一同放入墓中随葬了。另外一种意见是，南越王赵佗之嗣子早卒，立孙（赵眜）为太子，当亦可称“泰子”。这是古有先例的。如《史记·秦本纪》载：“秦文公四十八年太子卒，立长孙为太子……”两相比较，后一种意见更为合理，由此推断，这两枚“泰子”印是墓主赵眜被确立为嗣王时所拥有。但这两枚“泰子”印的书体不同，并非一人所书，且两者的印面形式有异，应为不同时期所制。“泰子”金印印面四周有边栏，正中有一条竖界。与西汉初年印面多不带界格的形式有异，更多是体现受秦文化的影响，仍保留秦官印的传统制法。由此推测，这枚“泰子”金印极有可能是赵眜之父当太子时的遗物。赵眜只是继承其父的遗物。再观“泰子”玉印，其印面则无隔界，它与武帝时印章的印文布局一致，很有可能是赵眜被其祖立为太子时自刻的印信，死后与其生前的用印一起由其子婴齐入藏。

“右夫人玺”金印，方形，龟钮，阴刻篆文“右夫人玺”四字，有边栏和十字界格，铸制，印文文道略有深浅，刻凿痕迹明显，字体庄重，刻工精湛。龟背稍隆起，刻鳞状纹，不甚规整。腹下中空，可系绶。印面边长 2.15 厘米、通高 1.5 厘米。至于右夫人的身份地位如何，留待下节说明。

“泰子”金印和“右夫人玺”金印出土时，器身亦有碰伤痕和印泥残迹，只是没有“文帝行玺”金印那么明显，推测同为生前实用器。这两枚金印的规格大小及钮式，与汉印符合。同属南越的官印性质，但印文称谓却是过去所未见的。按照汉代制度规定，官印不得用于随葬，要用明器代替，故后人很难见到官印的实物。“文帝行玺”金印、“泰子”金印和“右夫人玺”金印及另6枚官印以实物入葬南越王墓，不仅使后人得以目睹南越国官印的实物，而且为我们了解秦汉印章制度提供了十分宝贵的资料，因而弥足珍贵。

（三）奇妙的玉印

墓主身上发现的玉印中三枚有印文。其中有一枚白中透青色的玉印，长、宽2.3厘米、通高1.7厘米，覆斗钮，印面阴刻篆文“赵眜”二字，中有竖线，外加边框。凿刻精工，布白匀称，印文内留有朱红色印泥。另外西耳室出有“眜”字封泥两枚，圆形，阴刻篆书，但书体与玉印不同。

“赵眜”玉印

“赵眜”玉印印文

“赵眜”玉印拓片

"赵眜"印当系墓主名章。"眜"字封泥，则可理解为赵眜生前亲自缄封部分随葬品之用印。

查考，《史记·南越列传》和《汉书·西南夷两粤朝鲜传》载："至武帝建元四年(《史记》有卒字)，佗孙胡为南粤王。"显然，南越二主的名字叫"赵胡"，这就出现了《史记》《汉书》本传所记南越二主的名字与墓中出土名章不相符合的矛盾。这究竟是一种什么情况呢？对此，学界有3种推测性意见：

1. 认为是错简或传抄之误，这种情况在古籍中例子很多。如长沙马王堆二号墓出有墓主名章"利苍"玉印，《史记》作"利仓"，但《汉书》却作"黎朱苍"，显系传抄之误；《战国策》有"触詟"，出土帛书作"触龙言"；史书"勾践"，出土铭刻为"鸠浅"，等等。虽如此，但现在看来，这种推论是欠妥的。因为，第一，汉廷在吕后掌政8年期间，汉越关系恶化，"使使不通"，文帝即位后，关系又恢复正常，直到南越二主死之年，已有57年了，史载这期间"通使如故"，因而汉廷中央不可能收存不实的南越档案的。第二，"胡"字在《史记》本传中出现有8次，在《汉书》也有7次出现。传抄也不可能一误再误。

2. 有学者认为，眜、胡都不错，胡是他的字，眜是他的名。这也不对，名是本人对自己的称谓，字是在本名之外，取与本名意义相关的另一表字或别号，是他人对本人的尊称，所谓"名以正体，字以表德"。孔子名丘字仲尼，三国蜀相诸葛亮字孔明，岳飞字鹏举，今人张学良字汉卿，毛泽东字润之。蒋介石不叫张学良的正名，而称他"汉卿"，孔子不会自称仲尼，而诸葛亮也不会自称"孔明"的。因此，《史记》《汉书》称"佗孙胡"是称南越第二代王的正名，这点在两传中有清楚的记录可证，比如他对汉使莊助说："国新破寇，使者行矣，胡方日夜装入见天子。"这个"胡"是他对汉使说出自己的本名。因此，"胡"为字，"眜"为名一说不能成立。

3. 中国地域辽阔，方言土语多，"眜""胡"不符的原因还有可能由于华语方言不同而出现不同的写法。如吴王夫差的父亲吴王光，又名阖闾，吴王僚又叫州干。"阖闾"和"州干"同是吴越语音的名字。"光""僚"则为华语的名字。南越立国之初，赵佗实施尊重本土民族的风习，倡导汉越通婚等民族和谐共处的政策，"胡"是华语的名字，"眜"字则是南越方言的名字，"胡"

“帝印”螭虎钮玉印

“帝印”螭虎钮玉印印文

“帝印”螭虎钮玉印拓片

与“眜”因文化、民族语系等原因标音不同。可惜南越距今已 2200 年，当日方言已无证，今天亦无法取得确证了。但是，这种推论是最为切合当时南越史地的真实情况的。

另一枚是“帝印”玉印。青白玉，长、宽 2.3 厘米、通高 1.8 厘米。印台方形，螭虎钮，印面阴刻篆文“帝印”二字，中有竖线，外加边框。布局均匀，凿刻刚劲有力。印文的沟槽内粘有朱红色印泥。印台四边减地刻勾连雷纹，钮上的螭虎周围刻云纹相绕，腹下有穿孔，可系绶带。还有两枚“帝印”封泥，出自西耳室，封泥的“帝”字书体与此印有异，可知墓主生前缄封用的“帝印”最少也有两枚。封泥是作为缄封随葬品的信物，以“帝印”和“眜”字印章缄封，说明墓中一部分随葬物是赵眜生前亲自缄封预作死后随葬之用。这在已发掘汉代诸侯王墓中也未见过。

秦朝以前，无论尊卑贵贱，印章文字均可以称玺，直至秦始皇统一六国后，规定只有天子印可以称玺，臣下称印。汉武帝时开始有印章之称。南越王僭越称帝，所出的“文帝行玺”“右夫人玺”两枚金印均称“玺”，其他3位夫人的鎏金铜印、景巷令的铜印以及厨丞的封泥等都称印，唯独这枚“帝印”，既标示了最高身份的“帝”，却不称“玺”而用“印”称，这种不按常规办事的情况，值得研究。这枚帝印的发现，不仅进一步证实赵眜生前确实僭号称帝，而且为我们了解秦汉印章制度提供了十分宝贵的资料。

“泰子”印和“帝印”在考古发掘以及传世文物中都是未曾见过的。两枚“泰子”印一为龟钮金印，一为覆斗钮玉印，两印的字体风格和规格都不同。假设金印属官印，玉印为副印，“文帝行玺”是金印，而“帝印”是玉印，那么前者为官印，玉印为副印。副印的使用在秦汉文献中未见记载，副者区别于主或正，正主外，副主内，副印的使用抑或只限用于内廷。这种推测待有识者进一步证实。

（四）右夫人身份的释疑

墓内的东侧室可以说是墓主赵眜的地下“后宫”，从随葬的4枚印章得知这里葬着他的4位夫人。出有“右夫人玺”龟钮金印、“左夫人印”、“泰夫人印”和“□夫人印”龟钮鎏金铜印。四印大小基本相同，阴刻篆书，印文均极为工整。其中“右夫人玺”为金印，称“玺”。其余为铜质鎏金，都称“印”，可见在四位夫人中，右夫人的地位应该是最高的。那么，右夫人是否就是赵眜的王后呢？

“夫人”称谓因时代不同而异。《汉书·外戚传》：“汉兴，因秦之称号……适称皇后，妾皆称夫人。”诸侯王妻称王后，妾亦称夫人，《史记》《汉书》中屡见。例如《史记·淮南衡山列传》“淮南王王后”，“衡山王锡，王后乘舒”。《史记》《汉书》中的《南越列传》，南越王婴齐嗣位，“上书请立樛夫氏女为后”（《汉书》作“摎氏女为后”）。由此推知，印文所见四位夫人身份等同，皆南越王后宫的姬妾。

汉时贵右卑左，故称所重者为右。据《汉书·灌夫传》：“夫为人刚直，使酒，不好面谀。贵戚诸势在已之右，欲必陵之；士在已左，愈贫贱，尤益礼敬，与钧。”颜注：“右，尊也；左，卑也。”南越国的宫室百官司礼仪制度皆仿效

“右夫人玺”龟钮金印

“右夫人玺”龟钮金印印文

“右夫人玺”拓片

“左夫人印”龟钮鎏金铜印

“左夫人印”龟钮鎏金铜印印文

“左夫人印”拓片

“泰夫人印”龟钮鎏金铜印

“泰夫人印”龟钮鎏金铜印印文

“泰夫人印”拓片

“□夫人印”龟钮鎏金铜印

“□夫人印”龟钮鎏金铜印印文

“□夫人印”拓片

汉朝，当亦以右为尊。再从四位夫人印来看，“右夫人”是金印，印文称“玺”。其他三位夫人皆铜鎏金，印文称“印”，可见“右夫人”在诸夫人中应居首位。但汉廷后宫的夫人皆直呼其姓，如汉高祖的戚夫人、汉武帝的李夫人等等。或以其爵位称之，如武帝的尹倢伃、成帝的赵昭仪，并没有“右夫人”“左夫人”称呼。虽然，南越王赵佗治越时期提倡“和集百越”，实行“汉越通婚”的政策，婴齐为公子时即娶越女为妻。但目前没有资料可以证实，越人是否以右为大，称王后为“右夫人”。且南越王赵佗及其子孙的原籍在今河北省正定县，是汉人，按理，他应遵行汉制，汉制没有让皇后陪葬的。这么说来，右夫人似乎不应是皇后了。夫人分左右事例仅见于《汉书·西域传下·乌孙传》，说的是乌孙昆莫娶汉江都王刘建之女细君为“右夫人”，又娶匈奴女为“左夫人”。这是一桩特殊的政治婚姻，乌孙既尊重汉人尚右，又尊重匈奴人尚左，不偏不倚。又据《乌孙传》：乌孙昆莫猎骄靡有十多个儿子，娶细君时，昆莫已七十岁左右。二三年后，年老体迈的乌孙国王考虑到王位的传承和对汉朝的亲善，便“欲使其孙岑陬尚公主”。公主惊其俗与汉地人伦相悖，不从，并上书向汉武帝陈情。汉武帝为社稷的长治久安，就敕命细君：“从其国俗，欲与乌孙共灭胡。”公主谨遵谕命，在昆莫死后，与军须靡结为夫妇。这种祖未死而遗嘱其孙娶其后祖母的原始风尚，充分证明细君公主和匈奴女的身份皆为姬妾。《史记·匈奴列传》：“置左右贤王……匈奴谓贤曰‘屠耆’，故常以太子为左屠耆王……其坐，长左而北乡。”正义：“其座北向，长者在左，以左为尊也。”乌孙“与匈奴同俗”，长期服属匈奴，亲匈奴疏汉廷，当亦以左为尊也。汉武帝时，乌孙对汉廷的态度有所改变，“使使献马，愿得尚汉公主为昆弟”，但仍不敢得罪匈奴。乌孙昆莫以汉女为“右夫人”，以匈奴女为“左夫人”，乌孙对汉朝和匈奴采取“对等外交”这一手段，既尊重汉人尚右，又尊重匈奴尚左。更重要的是，任何历史时期（包括汉朝）都不存在殉妻制度，且汉朝的制度规定帝王和王后死后“同茔异穴”，即两座墓相距很近，在同一座坟山之下。如位于河北满城陵山主峰东坡的刘胜墓与窦绾墓，就属夫妇同坟异穴合葬。徐州的龟山汉墓、河南永城的梁王墓均属这种情况。四位夫人同殉葬于东侧室，“右夫人”除了有比较华丽的组玉佩和较多的随葬品以外，很难看出她与其他三位夫人有什么区别，所以不可解作“夫妻合葬”。就目前所知，汉代的印文称玺，仅见于帝、后或部分诸侯王，右夫人印文称玺，当属仅见，这只能看作是南越国后宫制度的一种特殊现象，是反映古代印章制度的珍罕之物。

考定“右夫人”“左夫人”的名次后，我们再来看看“泰夫人”和“□夫人”。“泰”通“太”，泰夫人即太夫人，位次似在左夫人之下。“□”字，字迹已极模糊，细察左旁为“邑”，右旁似“音”，钤印当为“部”字，如无误，此印文应是“部夫人印”，“部”可作“少、小”解。夫人称部，其义或即少夫人之谓。在四位夫人中，部夫人似居末位。

这四枚夫人印章以及随葬遗物，是研究南越国时期的丧葬制度、后宫制度以及风俗习惯的重要资料。

注释：

1.《淮南子·原道训》。

六

洋洋大观中的汉玉

玉，在中国的传统文化中被视为具有仁、义、礼、智、信“五德”体现的器物，所以古人多用玉制作成礼器或饰物。“君子无故，玉不去身”。从奴隶主到封建统治者，他们生前佩玉，死后还以玉随葬。这种礼习，文献有记载，考古发掘亦屡有发现。

南越王墓出土玉器达240多件，包括玉衣、璧、璜、环、组玉佩、舞人、玉剑饰、印章、带钩、铜框镶玉盖杯、玉卮、玉盒、承盘高足玉杯、角形玉杯等器形。依据这批玉器的器形以及出土层位情况来看，大致可以划分为礼玉、葬玉、佩饰玉和器用玉四类。该墓出土玉器数量之多、品类之广、雕镂工艺之精美以及保存状况之良好都是汉代考古发现中前所未有的。

这批玉器与同时期的一些大墓出土的玉器一样，其造型、纹饰、碾琢与镶嵌等工艺都在承袭前代传统的基础上而有较大的发展，但其还有它自身的一些特色。不少玉器的构图打破对称平衡，别具一格。这批玉器的原料产地，目前尚难确认，但墓主玉衣上部分玉片与广东曲江石峡遗址一批新石器时代晚期墓葬出土的玉器的玉材相似。《初学记》引《湘州记》：“曲江县东有玉山，卉木滋茂，泉石澄涧，相传云昔人采玉处。”又有《元和郡县图志》关于岭南道韶州曲江县的记载：“玉山，在县东南十里，有采玉处。灵鹫山，在县北六里。银山，在县西二十里，出银。玉城，在县南六里，一名故郡城。”这均说明曲江玉山曾采玉，甚至用玉作城名。考虑到南越是地方割据政权，应处于相对半封闭状态。因此墓主玉衣的部分玉片极可能就近取材，来自广东曲江。史书记载南越王赵佗曾向汉文帝献“白璧一双”。墓中出土的一部分玉璧的璧面留有粗糙的花纹轮廓，尚未打磨，有的还留下许多白色的刀刻痕迹，这表明玉璧中

玉璧上留下的刀痕

至少有一部分是在王国宫廷中雕刻的，未及完工便送入墓中。因此我们有理由相信南越国宫廷中一定有相当规模的玉雕作坊，其玉器工艺水平已达到一定的高度。

（一）丝缕玉衣

古人认为玉可以防腐，用“玉衣”作殓服，则尸体不朽得以保存。

穿“玉衣”随葬的习俗可追溯到西周时期。1990 年，河南省三门峡市虢国墓地发掘出土一套完整的玉面罩，由印堂、眉、目、鼻、嘴、下颏、腮及髭须等 14 片大小不同、形态各异的玉件组成，每件玉片均有一个至两个明孔或暗孔，以缝缀织物，再覆盖在死者的面部，古书称之为“幂目”。到汉代，玉衣成为皇帝和高级贵族专用的葬服。就目前已知的考古材料，可确定为玉衣或玉衣片的有 40 多例，其中属于文景时期的有 4 例，它们是：陕西咸阳杨家湾 4 号和 5 号墓、山东临沂刘疵墓、徐州北洞山楚王墓。明确属于武帝时期的有三例：广州象岗南越王墓、河北满城 1 号和 2 号墓。而杨家湾 4、5 号墓和北洞山楚王墓早年被盗，残存玉衣片不多，全貌已无法探明。刘疵墓出的是金镂的头罩以及一双手套和一双鞋，未见裤筒，玉片的形状和金丝的编联方法与满城汉墓玉衣上的相应部位区别不大，可视为尚未发展到完备阶段的“玉衣”，是早期玉衣的一种形式。满城1、2号汉墓是西汉中山王刘胜及其妻窦绾的墓。据《汉书·诸侯王年表》，刘胜死于元鼎四年（前113），其妻窦绾可能稍晚几年。刘胜夫妇的玉衣由头部、衣身、左右袖筒、左右手套、左右裤筒和左右鞋所组成，皆金丝编缕。年代晚于刘胜夫妇墓的玉衣且形制可辨的，大都沿袭这种形制结构，仅在编缀玉衣的缕线上有金缕、银缕、铜缕之分，所以这两件玉衣被认为是年代最早的形制完备的玉衣。

玉衣是汉代皇帝和高级贵族专用的葬服。在汉代文献中，一般称“玉匣”或“玉柙”，有的称之为玉衣。这种作为封建统治阶级中最高层人物专用的殓服，一般由朝廷“主作陵内器物”的少府东园匠制作。不同的玉衣就成为不同等级的主人所享用的葬服。

据《后汉书·礼仪志下》记载：皇帝死后，用金缕玉衣；诸侯王、第一代列侯、贵人、公主死后用银缕玉衣；大贵人、长公主用铜缕玉衣。而受到皇帝恩宠的大臣、外戚往往也会被赐以玉衣作葬，以示恩典。

南越国王是汉朝中央正式承认的异姓诸侯王，按等级，赵眜的玉衣应是银缕诸侯王用银缕，但汉越的政治关系一直都是表里、名实不一的，所以赵眜既不会请求，而朝廷也未必赐予，只有南越国自行制作了。另一方面，玉衣片的钻孔，从剖面上看，孔壁呈圆锥形，属杆钻加磨料钻成。从一些未钻通的废孔痕迹及已钻通的孔来分析，它是从背面钻起，待钻透后，在正面轻轻钻磨一下，把正面孔口的锐棱磨掉，避免丝线穿缀时被割断。这与满城汉墓玉衣片上的孔是用管形钻钻的，孔壁呈圆筒形，孔洞细而匀不同。可见南越王玉衣的钻孔工艺比较落后，这也有助于证明南越王玉衣为本地制作的推断。

我们从墓中出土玉器的制作方法、玉器造型和雕刻风格来看，它们应是在中原内地的影响下发展起来的。他们既保留了中原和原楚地的传统玉雕风格，又吸收了当地文化，加以创造，以致形成南越国玉器具有汉、楚、越三种文化汇合的独特风格。而且，有部分玉璧璧面只有粗糙的花纹轮廓，尚未打磨。有的璧面花纹仅部分碾琢光滑，另一部分未修整，留下许多白色刀刻痕迹。在玉衣片中，有不少是利用残废的玉璧、玉璜改制的。这些迹象都说明，南越国王廷中必有规模不小的玉雕作坊，不但制作礼仪玉器，还制作包括玉衣在内的葬

丝缕玉衣出土情形

玉。但为什么不用金缕而用丝缕？这可能与当时南越王国的丝织手工业发达有关联。

本墓由于未受盗扰，保存完好，墓主人的“玉殓葬”颇具典型。这套丝缕玉衣虽塌下压至扁平，但玉衣的各部分仍基本可认。在玉衣前头平置 3 件精美的佩玉：正中为铺首衔璧，右侧为虎头金钩扣玉龙，左侧为透雕龙凤纹牌饰。双鞋之下踏一件双连璧。玉衣的面罩两边分置一璧一环，上面覆盖一块丝绢的

杏形金饰片

杏形金饰片出土情形

“幂目”，缝缀 8 块杏形金饰片，当然丝绢已朽。在胸腹位置处，叠压 4 层精美的饰物与器用：第一层是 9 枚玺印；第二层是一串组玉佩饰，由 32 件珠、玉等组成；第三层是组玉璧，由 6 块大璧和 4 块小璧组成；第四层是珠襦。《汉旧仪》说：“珠襦以珠为襦，如铠状，连缀之，以黄金为缕。”此外，还有 4 件韘形玉饰。玉衣背后从头套至腿间还垫有 5 块大玉璧，纵列成行，玉璧朝下的一面粘有红色的棺漆残片，表明入殓前首先是在棺内底部铺垫 5 块大玉璧，才把包裹尸体的玉衣装殓入棺的。

揭去上面玉衣片，露出墓主人的遗骸。遗骸上还排列着 14 块玉璧，其中两块分别夹于耳际间，其余的 12 块，分三行排列，每行 4 璧，正中一行由胸开始往下排列，第四块最小，是透雕的双环三龙璧，压在阴部位置。左右两行的 4 璧分列于两肋之间。还有一个很重要的现象，在这 14 块贴身的玉璧和玉衣片朝里的一面都不见粘附有墓主人身着衣物的遗痕，这表明赵眜遗体入殓时是赤裸穿着玉衣的，这样的葬式也是首见。让尸体与玉衣片和贴身的玉璧直接接触，这样正与当时认为玉可以防止尸体腐坏的观念相符。

玉衣两侧分置铁剑 10 把，左右各 5 把，其中半数为玉具剑。正是这些层

丝缕玉衣上的 10 块玉璧

丝缕玉衣内 14 块玉璧

层附加在玉衣上的各种饰物，给考古人员在清理玉衣时增加了不少的困难。

因为玉衣片已散乱，不可能在现场逐件起取。根据夏鼐先生的整取提议，要保证玉衣出土现状的定整，以便将来复原工作的进行。考古队员采取了“竹

丝缕玉衣下 5 块玉璧出土情形

签插取套装法”的整取方案，将玉衣完整、安全地运出墓室。

这件玉衣由中国社会科学院考古研究所技术室的白荣金先生，花费了三年时间才得以复原成功。复原工作是一项极其繁琐细致的研究工作，白先生将整理工作分为先清理后修复两步进行。由于玉衣整取时在木箱内是底部朝天的，清理工作也就从玉衣的底部开始，再翻过来清理其正面。面对散乱的玉衣片，先要观察再三，对每一块玉片的清理都容不得轻举妄动。需要按照器物和玉衣片的自然叠压分层分片进行，并做好拍摄、测绘和文字记录工作，无论是测绘全图或局部图，都要求绘制 1 ∶ 1 原大的平面图，这时最稳妥的办法是，先用透明纸盖上，按原大原样描图。每片玉片在全图和局部图上都要有它的位置和编号。首先从左鞋入手做试验，分层分片清理起取的玉片，用纸板逐片剪出模型片，每张卡纸模型都标明编号、方向、坐标，以之代替原件，便于反复摆弄，设想出最为合理的复原方案。有了结果，然后按照玉衣的头套、上身衣、两袖筒、两手套、两裤筒和两鞋依次进行。清理工作用了 7 个多月的时间始告一段落，修复工作也是先局部后整体进行的。经过近一千个工作日的精心清理、反复组合验证，丝缕玉衣终于复原成功。

修复后的玉衣长 1.73 米，如人体形状，共用玉片 2291 块。分头套、上身衣、两袖筒、两手套、两裤筒和两鞋共 10 个组合体。玉衣的外形及其大小是依人体各部位的不同形状而设计的，以长方形、方形为主，还有一些呈梯形、三角形和五边形。上身衣、两袖筒、两裤筒的玉片，大多是利用废旧玉器或边角料切成，厚薄不一，无孔，边缘多数未磨平，用麻布做衬里，玉片平排并列在麻

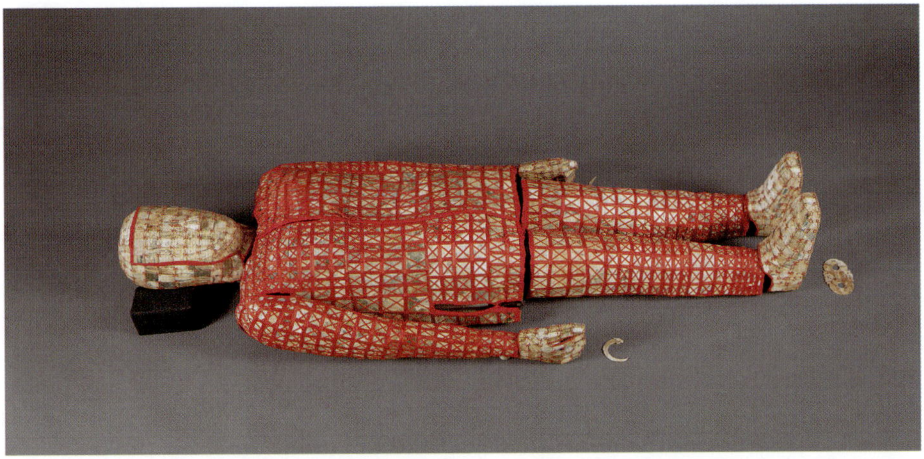

丝缕玉衣

丝缕玉衣局部

布上，用窄丝带作对角粘贴，组成网格状的菱形地纹，四边再以宽带粘贴成纵横的方格，周沿也用红色宽带包边。只有头套、两手套和双鞋的玉片两面磨光、边角钻孔，后以丝线穿缀，里面再加丝绢衬里。全部丝线、窄丝带、宽丝带都是红色的，组成的图案显得规整鲜艳，其形制十分引人注目。

南越王墓墓主赵眜死于元狩元年（前 122），比中山靖王刘胜早十年，所以这套“丝缕玉衣”是目前已发现的汉代玉衣中时代较早，在形制上又比较齐备的一件。玉衣用丝缕穿制，既不见于文献记载，考古发掘中也未见先例，可以说目前它是独一无二的孤本，亦是研究古代丧葬制度的一个新的实例。

在南越王墓中，用 19 块作为葬玉的玉璧来铺垫尸体，以求尸体永远不朽，这在其他诸侯王墓中也有出现。由此看来，由缀玉殓服发展成为完整的玉衣，

龙形玉觿

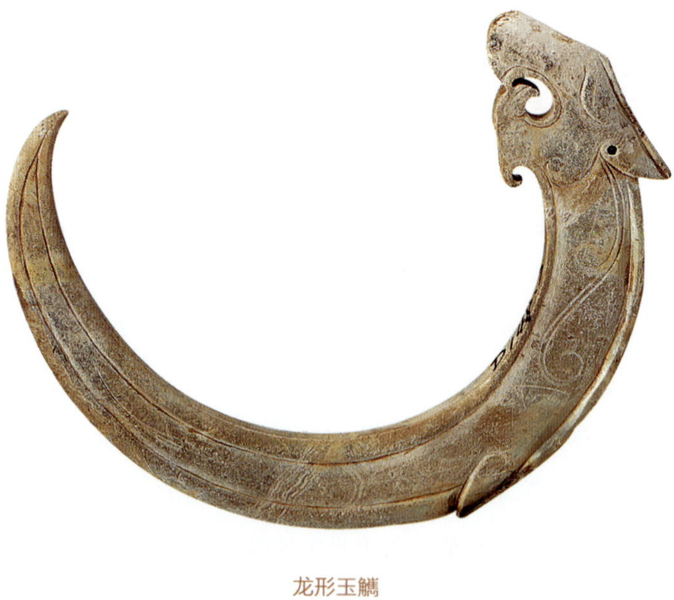

龙形玉觿

双连玉璧

又用玉璧在尸体上下作铺垫，这种加码式的“玉殓葬”在高层贵族中已成为流行的葬习。这种葬习从战国开始形成，到汉代发展到高峰，当时地处边陲的南越国贵族也无例外。

南越王墓中的“葬玉”除了丝缕玉衣和部分玉璧外，还包括有玉觿、玉鼻塞。南越王手握一对造型不一的龙形玉觿。因其末端呈尖状，是可用于解结的工具。在考古发掘中发现亦可作佩饰，如在东侧室□夫人的组玉佩中，就有一对双面镂空的龙形玉觿。

古人有一种葬习，人死双手不能空空的，一定要握住一些东西。从考古发掘中发现，河南省洛阳市中州路的一些东周墓的骨架手部常有两片石条，成双成对。湖北省江陵一号楚墓死者双手握一件卷成长条状的绢团。河北省满城汉墓中山靖王刘胜及其妻窦绾两手握玉璜。山东省巨野红土山西汉墓中，昌邑王刘髆握的是一对白玉豚。湖南长沙马王堆一号西汉墓中轪侯妻手握的是香囊。由此可见，手握的东西并没有定制。

古代丧礼以珠、玉、贝、米等东西放入死者口中，称其为“饭琀”，同样认为这样可以防止身体朽坏。据考古发现，商代的墓葬中常见死者口中含贝，春秋时期死者含玉石，战国及汉代墓中的死者口多含玉蝉。在南越王赵眜遗骸

玉衣头部的珍珠

的口腔内部，发现了一团珍珠，珠团外粘有丝织物痕迹，说明墓主死后是按天子葬制“含珠如礼”的。这与他生前僭号称帝是相符的。此外，汉代高级贵族还有特制的一种玉九窍塞，用来填塞死者的眼、耳、鼻、口、肛门、生殖器等九个窍孔，以防精气外溢。南越王墓主遗骸上没有发现，但在西侧室殉人的骨堆上发现一枚玉鼻塞，原来可能是一对的，但另一枚并未发现。

考古资料证实，作为封建统治者高级殓服的玉衣，出现于西汉文景之际，盛行于武帝时期，废于三国曹魏，前后 300 余年。这套丝缕玉衣，显示的是玉衣发展过程的早期特点，且同出有大量玉璧和佩饰，从形式到内容，更多的是沿袭了西周以来一些大型墓葬死者面上、身上用玉殓葬的礼制和习俗。

（二）精美繁复的玉佩饰

以玉石为佩饰，有单件的，也有两三件以至多件组合而成的组玉佩。它的前身可追溯到远古的原始装饰。大约在旧石器时代，山顶洞人已知道穿缀兽牙、鱼骨作为耳饰、项饰。新石器文化时期，人类琢磨各种玉石、骨牙、蚌料，单个悬挂或多个编缀，用以装饰头部、面部或衣身，习以为常。殷商西周时期，玉在各种质料的佩饰中占据显著的地位，但此时的佩玉，一般是一两枚璧或璜，平板阴刻，色调也比较单调。到东周时期，在“玉德”思想的支配下，组玉佩得以广泛流行。少则一璧一环，多则以璧、环、璜配以玛瑙、水晶、玻璃、鸡血石等材质作为饰物。根据考古发现，从春秋初期，组玉佩的组合已非常繁杂。1990 年发掘的河南三门峡 2001 号虢国墓，墓中出有组玉佩，出土时仍较完整地佩挂在墓主颈部而达于膝下。主体由 7 件从小至大依次递增的玉璜间以左右对称的双排两行玛瑙与琉璃串珠连缀而成，其上与一组挂于颈部的玉管间以玛瑙珠组成的半环形玉饰相接。战国早期的曾侯乙墓，墓中出土玉石等 7 种不同质料的饰物达 500 余件，多数都在墓主身上，一般有穿孔，并且大多成组串缀，是目前已知大型组玉佩年代最早的一例。春秋战国墓中，大型组玉佩已较常见，尤其战国墓的组玉佩往往由多种玉器组成。汉初，继承了战国的传统而有发展，特别是装饰性更为突出和完美。但是因汉代的大墓几乎全被盗扰过，墓中偶尔幸存几件组玉器件，也无法组合复原，原来整套组玉佩的各个组合件是怎样的，实在不可得知，以致有学者认为“汉代的组玉佩已简化，佩玉的品种没有战国时那么多”的解读。南越王墓出土的 12 套组玉佩，是已知汉墓中发现最多、保存最完整的一例。这些组玉佩虽仍以璧、璜、环为组成的基本要素，但造型与纹饰上则更趋华丽，并配以多种质地的串珠等，其装饰性远胜礼仪性质。其中墓主人的一套，由 32 件不同质地的饰件组成，最为华美。其余的 11 套中有 7 套出于东侧室，其中右夫人的两套十分精美，还有左夫人、泰夫人、□夫人各 1 套。另两套由于积水漂移，已失其原位，难辨其所属。余 4 套分属于前室的景巷令、东耳室的乐伎和西侧室的第 RVII、RXI 号殉人所有。

这 12 套组玉佩出土时串系的丝线已朽没，组绶也腐朽不存。根据出土位置，并参考以往复原的配玉图像，考古人员对这 12 套组玉佩进行了复原组合，发现其中最精美、最繁杂的是墓主人的一套，右夫人的两套组玉佩次之。

墓主人组玉佩　由 32 件玉、金、煤精、玻璃等不同质料的饰件组成，据出土位置推断，其自胸及膝总长约 60 厘米，覆盖在玉衣的组玉璧之上。它以

墓主人组玉佩

双凤涡纹璧、龙凤涡纹璧、犀形璜、双龙形璜共 4 件自上而下、由小至大作为主体，将整串玉佩分为 4 组。当中配以玉人，壶形饰、兽头形饰各 1 件，玉珠 5 粒，玻璃珠 4 粒，煤精珠 2 粒，金珠 10 颗，最后以套环玉饰结尾，由不同质料组成一套大小顺次、轻重有序、色彩斑斓的华丽佩饰。

即使是礼玉性质的璧璜，也是游龙戏凤，精巧艳丽，少了礼玉的庄重感。第一组的双凤涡纹璧直径 6.9 厘米，璧缘两侧透雕双凤鸟为座。正中的上下方各有一个圆孔形穿孔。此璧位于组玉佩之首，其上孔可以用来佩挂，下孔可以穿线串联其他配饰。第二组透雕龙凤涡纹璧，直径 7.2 厘米，璧孔中透雕一龙，昂首挺胸，尾部卷曲，作前行状。璧外两侧各透雕一凤，呈攀援回首状。龙凤皆以阴线勾勒细部，造型圆润丰满，富有动感。第三组犀形璜，长 8.5 厘米，通体透雕，犀身浮雕涡纹，张开大口，长尾下垂向上回卷，与头部对称，前后肢蹲曲，三蹄趾，形态生动，

双凤涡纹璧

它与先秦作为礼玉的璜的庄重情调大有不同。第四组的双龙蒲纹璜长14.1厘米，呈圆弧形，两端镂雕出龙头，有角，弓形顶的上下均饰透雕云纹，顶端呈蒂形，中有圆孔。

这是目前汉代组玉佩中最为华丽、最为繁杂的一套，为研究古代组玉佩的演变和组合情况提供了丰富的实物资料。

右夫人居4位夫人之首，她的随葬器物自然比其他夫人多且精美，组玉佩就有两套。

A组玉佩　这套组玉佩出于右夫人的棺位置内，由连体双龙玉佩、三凤涡纹玉璧、玻璃珠各1件，玉环2件、玉璜5件，金珠10颗共20件饰件组成，玉佩雕工精细，因沁蚀呈黄白或灰白色。

连体双龙佩平面略呈椭圆形。整器为双面透雕，两龙连体，龙头张口对视，中间为一朵花蒂形物，似二龙争物，龙的前爪直抵花蒂形座，后爪外伸。整体构图新颖，是一件完美的艺术佳作。而组件中的5件璜亦各具特色，其

透雕龙凤涡纹璧

犀形璜

双龙蒲纹璜

「右夫人」A组玉佩

连体双龙佩

中一璜透雕 4 龙。两侧各一龙，头朝外，曲身如 S 形，中间二龙相互缠绕。另一璜透雕二龙，龙首在两端，龙体简化如卷云纹图。

B 组玉佩　玉质坚硬，质地比 A 组的还好。出土时叠置在棺的左上侧处，复原组合为：以两件双面透雕的玉环挈领，以 1 件玉舞人居中，下连两玉璜两玉管。

透雕三龙纹玉环　受沁严重，局部有剥落，双面雕，由透雕的三龙首尾衔接，组成一圆环。龙头造型各异，其中一龙张口露出獠牙，颏下有须。另外两龙只琢出眼睛。龙体皆饰绞索纹，鳍及爪雕成卷云纹，整器看上去就像龙在云中游，云在龙上飘。表面还沁有朱砂。

透雕龙螭纹玉环　局部受沁，微有剥落。由透雕的两龙和两螭虎绕成一圈。龙螭皆作大跨步腾飞状，两两相对，极富动感。

除了组玉佩外，还有单个佩用的玉饰，如墓主人玉衣上的 4 件韘形佩，还有龙形佩、绞索纹等佩饰，其中以出于墓主头部的 4 件最为精美，堪称玉佩之最。

透雕龙凤纹重环玉佩　直径 10.6 厘米。出于墓主玉衣头套的面罩上，原来可能盖于左眼的位置，已移位。在相当于右眼的位置上还有 1 块透雕游龙涡纹

「右夫人」B组玉佩

透雕三龙纹玉环

透雕龙螭纹玉环

玉衣头顶上玉佩饰出土情形

璧。佩饰璧形，制成内外两环。双面透雕纹饰，分两区：内区一游龙居环心，前后足及尾都延伸入外区；外区一凤鸟立于游龙伸出的前爪上，回眸与龙对视。凤首高冠和凤尾的长羽上下延伸成卷云纹状，把外区的空间填满，这件佩饰的构图特点是主次分明，疏密得宜，在技法上线刻和镂孔配合运用，使龙凤躯体的边缘分减，中部隐凸，表现出肌肉遒劲有力、富有弹性，在平面中取得立体的效果。

透雕龙凤纹重环玉佩

兽首衔璧佩

兽首衔璧佩　通长 18.2 厘米，璧径 8.9 厘米，墓主玉衣头套之前分置 3 件玉佩，此佩位居正中，原有织物包裹，佩饰上还留有朱色的绢体，受沁成鸡骨白色，全器由整玉雕成，分由兽首与圆璧两部分组成。兽首两目圆睁，双眉上扬，高鼻呈桥形衔璧，玉璧亦钻凿出銎口与兽鼻套合，可以上下翻动。整器的造型与铜器的铺首衔环相似，但奇特的是兽首左侧透雕一螭虎，作直立状，独角，头朝下，尖嘴竖耳，尾部向上蜷曲，与兽首的脸颊紧贴。右侧空缺，形成不对称的格局。佩的正面采用镂空、浅浮雕、线刻三种技法雕琢纹样，背面则光平无纹。这或许是嵌在某种器件上的装饰物。

虎头金钩扣玉龙带钩　玉龙长 11.5 厘米，金钩长 5.9 厘米。出土时，此佩位于兽首衔璧佩的左边，整器由一青玉镂雕的玉龙和一金质虎头带钩套合而成，是一件很奇特的玉佩饰件，在中国目前所见的和考古出土器物中绝无仅有，反映了中国古代制玉工匠的高超技艺和非凡的想象力。

佩饰骤看是一个龙虎相斗的场面，由一条玉龙和一个虎头金带钩组合而成。玉龙回首勾尾，呈 S 形。身下部近后爪处已断开的两边各钻出一排 3 个小孔，

虎头金钩扣玉龙带钩

用丝线连缀，表明这件玉龙曾是其主人的心爱饰物。金带钩是单独铸成的，钩首钩尾均呈虎头形，钩尾的虎头宽大，额顶凿一“王”字，似乎暗示墓主人帝王之身份。宽大的虎口成了一个套銎，大小与龙尾断裂处相应，玉龙的尾部套在金钩的虎口内，如果龙尾没有折断，蜷曲的龙尾是无法套入的。由此说明玉龙折断后，南越王赵眜仍对其不舍，命工匠费了不少心思，制作了这个重 100 克的金钩，将折断的一段套入而将其复原。赵眜死后，此器被放在头套的左边随葬，显得它的身价非凡。

风纹牌形佩　长 14 厘米。出于兽首衔璧的右边，有丝织物包裹痕。这是一件布局完全不对称的、构思独特的饰件。玉佩以长方框为中心，凤鸟为主纹环绕于方框。长方框内透雕一凤鸟，呈倒悬之势。框外上端的凤纹如卷云纹，下端为宽体形的凤鸟，高冠蜷尾，前爪向上抵及框内凤鸟的头冠。框的左侧，一瘦体凤鸟伫立在一串缨络的上端，与框内的凤鸟相对视。框右上端的凤鸟造

凤纹牌形佩

型最为生动，足踩圆璧，长尾下垂，昂首挺胸，张口振翅，似蓄势冲向苍穹之态。长方框的下端曾折断，特制两个黄金襟，把断口连接起来，表面饰以针刻卷云纹，十分精细。这件玉佩，以凤为主题，用不对称的布局，使纹样疏密得宜，轻重有序，富于变化，这是出土玉雕饰品中的精绝之作。

（三）精致奇特的玉容器

从考古发掘所见，汉以前的玉器以礼仪用玉为主。到汉代日常生活器用玉渐多，如印章、带钩等小件物品，但玉制的容器仍十分罕见，用得也少。《史记》记载，汉高祖刘邦在长安称帝后，给他父亲祝酒时，使用的是玉卮，而非金卮、银卮。又，鸿门宴时，刘邦赠“玉斗一双”与亚父范曾，都足以说明玉容器在汉代是十分珍稀、高贵的。

全国数以万计的汉墓中，出土玉容器也不过十余件。本墓随葬玉容器则达5件之多，且造型各异，引人注目。在外椁“头箱”中有3件，分别是青玉角杯、玉盒和铜框镶玉盖杯。在棺椁的北端横列3盘，当中有一件承盘高足玉杯。另外，在西侧室第RVII号殉人的遗骸旁有一件铜框镶玉卮。这5件玉容器都属大型器具，当中有纯玉琢制的，有玉与青铜镶嵌工艺结合的复合制品，还有用多种材料由几个部分组合而成的器具。这5件玉容器的造型新颖，工艺精湛，纹饰各异，堪称汉玉中价值连城的孤绝品。

夔龙纹青玉角杯　古代，人们用犀牛角作酒杯，认为有解毒的功效。据说，

主棺室角形玉杯、玉盒等出土情形

夔龙纹青玉角杯

如果酒中有毒，用犀牛角杯盛酒，毒药就会消解，可以保证持杯饮酒人的生命安全。河南禹县谷水河新石器时期遗址，出土了陶制的角形杯。安阳出土商代的青铜角形器。河南洛阳西汉墓的壁画上绘制一勇士左手挽袖，右手持一角形杯，似正举杯与人对饮。唐代李寿墓石椁上有一线刻图，画有一位宫女一手持提壶，一手持角形杯的形象。古代中国玉杯形式很多，但雕琢成兽角形的并不多。但在古代的西方，这种角形杯更为流行，希腊人称之为“来通”，视之为圣物。传到古波斯后，波斯人用银来制造，称“银来通”，其尖端处呈带双角的羊头形。后来在西亚、中亚制造出多种形式的来通。而本墓出土的玉角杯与西方的角形杯最大的不同点在于，中国的兽头在杯口处，西方的则在杯底的尖部。

此杯出于墓主棺椁头箱，由整块青白色硬玉雕成，口部椭圆，长 18.4 厘米，仿犀角形。内壁光洁，杯的里底有明显的管钻痕，外壁运用了圆雕、镂空、高浮雕、浅浮雕、线雕等技法雕出了四层纹饰。杯底的端部反折往上回转，镂空成离地的云纹环绕杯身的下部，云纹上刻束丝纹。接着由高浮雕修琢宽体的卷云纹，延向杯口。杯口缘浅浮雕一只夔龙，形如一尖嘴兽，竖耳，额上的独角像云朵一样飘出。龙体修长，振翼而立。其尾为勾连卷云纹，缠绕回环，连绵不断地布满全身。在主纹的空白地方还阴刻了勾连涡纹。各层纹饰层次分明，且互有重叠、穿绕，布局巧妙，碾琢娴熟，它表明这一时期玉雕在章法布局、材料运用、技巧发挥上已臻巅峰。这件玉器，既是一件精美绝伦的工艺品，亦是一件融传说于现实，引人遐思的实用品，为汉代玉器中的稀世珍宝。

浅浮雕八瓣柿蒂纹玉盒　出于墓主棺椁头箱，由青玉雕琢而成，玉质温润，晶莹透亮。盖与身有子母口扣合，盖面隆圆，顶部有一桥形钮，内扣一个绞索形的圆环，环可转动。盖面浮雕花瓣纹、勾连涡纹、勾连雷纹等多重纹饰，盖内也线刻双凤，其中一凤回首，一凤朝前，相互缠绕，踩在一个圆圈上。盒身像一个圆碗，圈足，盒内平滑，外壁装饰勾连涡纹、花蒂纹等。入葬前盒盖已破裂，可以看到它在原有的透气孔旁加钻了两个小孔，孔与孔之间琢出凹槽，用以穿绳缀合并掩藏绳头。此玉盒虽破裂但还修合使用，足见此盒在当时已属珍稀之物。

鎏金铜框镶玉盖杯　出于墓主棺椁头箱中，盖与身分别用铜框为支架，镶

浅浮雕八瓣柿蒂纹玉盒

嵌玉片合成。通高 16 厘米，口径 7.2 厘米。铜铸的杯身呈八棱圆筒形，底为喇叭形的宽平座足，杯口的铜框是圆形，下接 8 条平直的铜框，分成 8 格，分别嵌入 8 块长条玉片。杯身下端嵌 5 块心形玉片。杯盖的外沿与子口也是铜框，当中嵌入一块整玉，这块整玉表面碾琢成三层，逐层收缩到中心点，形成一突乳，整体如螺纹状，立体感强。铜框的外表鎏金，锈蚀严重。

此杯不仅造型酷似今天的高脚酒杯，颇具现代感，为汉代器皿中所罕见，而且，其镶嵌装饰玉片的配对技艺精绝，杯身嵌玉 8 片，杯底镶玉 5 片，8 与 5 不成倍数，但上下相连配对匀称，显出其设计的精妙，同时体现出高超和成熟的汉代镶嵌工艺。在头箱出土的 3 件玉容器中，只有这杯有丝绢包裹，外加丝带捆缠。加之，杯身两块玉片原已缺失，属于残器，但还纳入棺椁之内随葬，大概是墓主生前的至爱之物。

铜承盘高足玉杯　出于棺椁头端正中。全器由高足青玉杯、托架和承盘 3 部分组合成，通高 17 厘米。出土时杯盘之间略有移位，尚见丝绢包裹残迹。杯体与座足分别雕出，接合处钻有小孔，以竹钉贯连，再套入托架的花瓣形玉托之中，托架由玉托板和一个铜圈座构合而成。铜圈座底部嵌入 3 条金头银身

鎏金铜框镶玉盖杯

鎏金铜框镶玉盖杯修复前

铜承盘高足玉杯出土情形

的龙，张口衔着玉托板的小花瓣，把玉杯举起，有乘龙升天之意。铜盘平沿、直腹，腹壁铆合 3 个银铸的小铺首，腹下附三短足，铺首形。玉杯座足与铜托盘之间尚有空余，用一块木垫承托出土时盘内尚有垫木的残块。

此器由玉、金、银、铜、木 5 种材质构成，且工艺复杂。在各个部位制成后，采取了多种的拼接技术，其中铜承盘的 3 个铜铺首座足是先铸成再与盘体合铸的，3 个银铸的铺首是铆接的。托座底部铜圈下面的 3 个銎套是焊接的，龙的金头与银身则是开叉口形榫卯套接的。可见，完成这件器物，先要做好设计，各部件的榫卯制作要精确到位才可紧接套合。一器之成，需要有铸铜、金银细工、治玉等方面的能工巧匠，在他们通力合作之下才可能完成构思如此奇妙的旷世之作。

这件玉容器的结合与构思都显得奇特，究竟是作何使用的？首先，我们注意到在“足箱”中出土的银盒，盒内尚存半盒药丸，经化验，已全碳化。药丸最早出于西方，中国秦汉时还未有药丸制品，银盒与药丸应是海外舶来。西耳室一陶瓿内出有药饼、中草药和羚羊角，还有五色药石（硫磺、紫水晶、雄黄、赭石、绿松石）和两套捣药工具，有这么多药物随葬，或许是有两种可能：一是据《史记》《汉书》本传记载，第二代南越王称病拒绝赴长安向汉朝皇帝朝请。“后十余年，胡（眜）实病甚，太子婴齐请归。”此墓主生前多病，他死后需大量的药物随葬。另一方面秦汉时期统治者有服食丹药求长生的愿望，秦始皇和汉武帝都求助于方士想得长生不老药。《史记》记载汉武帝建“柏梁台”，上置承露盘，“铜盘玉杯以承云表之露，以露和玉屑服之，以求仙道”的一段史事。此器出土位置在墓主人棺椁前头的正中，其左右分置漆盘和铜盘各一，有可能是墓主生前用来“承云表之露”，以服食五色药石以求长生不老的特殊用器。我们暂且大胆做出这个推论，那这就是秦汉考古的第一个“承露盘”。

鎏金铜框青玉卮　形状类似现代用的盖杯，只是多了杯脚和盖上的装饰。出土时尚有多层已碳化的丝织物裹缠。卮身为一个铜铸的筒形框架，嵌纳 9 块长条形表饰谷纹的玉片，用一块光平的圆形玉片镶嵌在底部，铜框架的表面铸出花纹，并鎏金。盖为木胎髹漆，黑漆地朱绘图纹，大部分剥落，顶部有两个凹的钮座印痕，原来可能是玉雕的主钮，已缺失。盖沿处镶嵌有 3 块月牙形的玉饰。在制作上和主棺室出土的铜框镶玉盖杯一样利用了热胀冷缩的原理。先将铜框加热，然后再把打磨好的玉片镶嵌在铜框里，待铜框冷却后，将玉片铆合牢固，形成一个九棱圆筒体。这件铜框镶玉卮充分体现了战国镶嵌工艺的新成就。

卮，是古代盛酒的器皿，在战国秦汉墓中，出土有铜卮或陶卮，但以漆卮最为常见。本墓所出的卮，分有象牙卮、银卮、漆卮和镶玉卮 4 种，其中器形可辨的漆卮不少于 10 件，是汉墓中出卮最多的一座。《史记·高祖本纪》载，高祖置酒前殿，大宴群臣，“上捧玉卮为太上皇寿”。可见玉卮是御用的最高等级饮酒器，且是国家大典时使用的。令人费解的是，这件铜框镶玉卮的铸铜框架、镶嵌工艺与铜框镶玉盖杯类似，但多了漆木的器盖，在工艺上更为复杂，且更为完整和精美，这无疑是墓主心爱之物，却出于西侧室第 RVII 号殉人旁，也许这位年约 40 岁的女仆役生前为主人最信任之奴仆，故将玉卮交与她掌管。

汉代，玉制品比黄金还要珍贵，皇子的印玺用玉刻制，诸侯王的印信多用

铜承盘高足玉杯

捣药用铜杵臼

五色药石

羚羊角

黄金铸造。上述5件玉容器，无疑是汉墓中一次重大的发现。5件精美玉制容器同时出于南越二主的墓中，这正与墓主生前僭越称帝的身份相符。

（四）精妙绝伦的玉剑饰

古代的铜剑或铁剑，用玉作装饰的均称玉具剑。本墓主人佩铁剑10把，两侧各5把，其中有5把为玉具剑，附有玉剑饰共15件。另外，在西耳室有一个漆盒装有玉剑饰43件，两者合计共58件，一座汉墓中出土如此大批的玉剑饰，实为罕见。

在剑上以玉作装饰，始见于西周。河南省三门峡市上村岭西周虢国墓出土了一把铜柄铁剑，在剑茎末纳有一块青玉剑首，这是迄今发现中国最早的玉具剑。此后以玉饰剑之风延续不断，至战国、两汉时期臻于兴盛，魏晋以后逐渐式微。

春秋战国时期的玉具剑不是很多，一剑之上有4件玉剑饰的玉具剑到西汉

鎏金铜框青玉卮

五把玉具剑

西耳室玉剑饰出土情形

西耳室出土的 43 件玉剑饰

初才见实例。而且，佩戴玉具剑在当时是地位的象征，连汉代皇帝亦用玉具剑赏赐给匈奴王。

玉具剑上的玉剑饰一可作装饰，二可用于护手。根据其所在部位不同，有着各自不同的实用性和名称。关于玉剑饰的名称，古来说法各异，我们采用通用的称谓，即首、格、璏、珌。

剑首　位于剑柄顶端。剑首背面中间有圆形沟槽，有三个至四个小钻孔以纳剑柄。本墓出 14 件，只有一件是扁长方形，其余的都呈扁圆饼形。正面全有纹饰，多数大同小异。底部有的有纹饰，有的平素。其中墓主佩剑中的两件和西耳室出的一件的正面圆雕龙纹最为特别。墓主佩剑中的一件中心鼓圆凸起，饰 4 组浮雕云纹，两条游龙位于左右两侧，躯体大部分悬于璧上，但头及一前爪攀至器表，显得矫健有力。另一件顶心如菌形，下连圆柱，正中花蕊圆凸，阴刻云纹。外周高浮雕两只奔驰的璃虎，作嬉逐状，极富动感。西耳室出的一件当中高浮雕 3 只形态各异的螭虎、神兽，嬉戏于圆框内。螭虎二、尖嘴神兽一，三兽蜷曲身躯，各伸一爪，抓住一条云带，构图活泼谐趣。

高浮雕双螭虎纹玉剑首

高浮雕螭虎纹玉剑首

剑格　位于剑柄与剑身之间，中有孔，从剑柄中套入，卡在剑柄与剑身后端，既可护手，又可阻限剑鞘越套。本墓出 20 件，多数呈“山”字形，有中脊，两侧斜收较薄，断面如菱形，左右突如耳状。其中 5 件装饰技法有别于其他。墓主人佩剑上有两件和西耳室出的两件类同，正面同为高浮雕一蜿蜒的螭虎或一螭一兽，作前行状，姿态生动，神情兼备。背面稍有差异，一饰勾连纹，另一饰浅浮雕两只小兽。最后一件出于西耳室，器形硕大，铺首形，中脊锐起，前端如尖锋，两侧如双耳处，用双面透雕的手法，各镂空一只鹦鹉，回首相望。鸟啄、羽毛和卷云纹的弯曲末端有如利钩，穿透达 2 厘米的厚壁，竟不损丝毫，而且表里均打磨光洁，平滑如镜，琢工之精，可谓鬼斧神工，令人惊叹。这件剑格代表了汉代治玉工匠所达到的高超水平。

剑璏　位于剑鞘的中上部，里边靠上部位有一长方形孔，为穿革带用。本

高浮雕螭虎神兽纹玉剑首

墓出 13 件。呈长方条形，两端向下垂卷。正面多饰勾连涡纹，墓主佩件的 3 件剑璏正面饰有浮雕兽纹饰。其中一组高浮雕一组群兽，中部为一长尾螭虎，细长的身躯回环卷曲，钻穿地板。躯体的一部分隐于地下。左侧一小虎，位于边缘，将要坠落，正伸爪紧攥一根长绳。另一侧有一螭虎，回首与一小熊对视，小熊亦一爪握绳。长绳穿绕于群兽之间，侧面有凸起的勾连涡纹。另一件，分饰两组纹饰，一组圆雕一只小猴和高浮雕一只胖体的尖嘴兽。被一根粗绳套住颈部的尖嘴兽正朝前突奔，后面的小猴右手紧执绳尾，左手把握着绳结的前段仰身着力向后拉扯，猴兽相互拉扯的情态生动活泼。另一组的兽纹已缺失，仅残存几个着地的爪痕和一截蜷尾。这件剑璏原缺一角，断口已磨光滑，说明其损坏已久。可见这类有高浮雕的玉具剑饰，虽残，墓主生前仍用来自佩，死后还纳于棺内随葬，足见其珍罕难得。

高浮雕螭虎纹玉剑格

双面透雕鹦鹉玉剑格

高浮雕群兽纹玉剑璏

剑珌　位于剑鞘末端，有孔，一般为横排三孔，中间孔大，两边孔小，为安装剑鞘所用。本墓出 11 件，一般的平面作束腰梯形，有 4 件两面均圆雕兽纹。墓主自佩剑的一件为短束腰梯形，器形硕大厚重，一条高浮雕的龙盘踞在珌体一侧，龙身跨越前后两面，龙首悬空，体态矫健。另一面浅浮雕一龙纹。西耳室所出 3 件圆雕兽纹珌，雕饰手法两面各异。其中一件一面圆雕一只“过墙”式的螭虎，前半身攀援，探身到另一面，与另一高浮雕的螭虎相互呼应。在“过墙”的螭虎身后还有一只浅浮雕小熊，双掌紧扯住虎尾，并衔在口中往反方向拉扯。另外，在两面兽纹之外的空白处都雕出隐起的浮云，翻滚缭绕于虎兽之间，使画面气氛更为热烈，为汉代玉具剑饰中的上乘之作。另一件玉质致密润洁，青白色，一面浅浮雕铺首纹，另一面圆雕一只穿行于云海中的螭虎，目视前方，张口呼啸，身躯盘曲到最大限度。虎体下部已剔透。

根据考古发掘材料可以断定，一柄长剑附有 4 件玉剑饰始于西汉初，汉画像石的人物佩剑中也常见有这种剑饰，可见这是当时较为流行的一种定制。但是，有些剑不一定 4 件玉剑饰齐备。南越王赵眜身佩的 5 把玉具剑，4 种齐备的只有两把。西耳室所出的 43 件玉剑饰，我们参照出土时漆盒朽后剑饰散落的高低层位，依照每件剑饰的玉质、器形大小以及纹饰特点等相互对比，按首、格、璏、珌 4 件为一组共分有 8 组。

高浮雕群兽纹玉剑璏

余下还有 11 件不成套。这批剑饰出土时，每件剑饰的表面都有朱砂和朱绢粘附，显然是在入葬时逐一用朱绢包裹，然后放入漆盒中。这批玉剑饰多数看不到使用的痕迹，与墓主身佩的实用剑器不同。而且，在西耳室发现有“帝印”“眛”字封泥，所以这批玉剑饰就是墓主生前亲自缄封的心爱藏品。这是汉代玉剑饰的一次重大发现。

这批玉剑饰除了几件俗称鸡骨白的沁蚀较严重外，其余均为质坚、细洁的青玉。在雕刻方面采用线刻、浅雕、浮雕、高浮雕、圆雕和透雕等不同技法，雕出云纹、龙纹、兽纹、动物纹样，姿态各异，动态感强，造型和雕工均称上乘，在目前考古发掘所见的玉具剑饰中无论数量、雕刻艺术都无出其右。

圆雕螭虎神兽嬉戏纹青玉剑珌正面

圆雕螭虎神兽嬉戏纹青玉剑珌背面

高浮雕龙纹玉剑珌正面

高浮雕龙纹玉剑珌背面

圆雕螭虎纹青玉剑珌

七

异宝奇珍精彩纷呈

（一）首见实用漆画屏

屏风是室内用于分隔空间的陈设用具，《史记·孟尝君列传》载："孟尝君待客坐语，而屏风后常有侍史，主记君所与客语。"亦可安置在床后，做倚靠或挂置物件之用。考古发掘战国及两汉墓都曾发现屏风，但多为模型。目前所见最早屏风实物是湖北省江陵望山一号楚国墓出土的彩绘木雕小座屏。这座小座屏制作精致，画面玲珑剔透，意趣横生，但通高只有 15 厘米，长 51.8 厘米，是殉葬用的冥器。长沙马王堆 1 号汉墓也出土了一座漆木屏风，通高 62 厘米，长 72 厘米，双面髹漆，用红、绿、灰三色油彩绘云纹、龙纹和几何纹，色调醒目鲜艳，画工技巧高超，奔放有力。但此屏风较小，制作比较粗糙，可能也是冥器。虽在个别汉墓中也有铜质的屏风构件出土，但或因受扰乱或构件不全而未能复原。本墓主棺室出土的是一座漆木铜构件大屏风。原屏风竖放在主棺室东侧墙边，把进入东侧室的通道口堵住了。屏风的各转角处都用铜构件包护，因髹漆木胎大部分已朽坏，整体坍落，屏风上装饰的铜泡钉亦洒落满地，其他构件散落在墙根处，由南而北分成 4 堆，长 3 米。另外，在东墙根北端转角处堆放青铜构件 7 件，计有蟠龙托座 1 对，朱雀顶饰 1 对，双面兽首顶饰 3 件和一些被砍凿下来的构件残段。依发掘现场情况分析，屏风入葬时，是把两侧的翼障折叠起来，铜雕饰全部卸下，托座中伸出的支撑部分都砍断，然后集中堆放在室内东北的转角处。不难看出，屏风是先棺椁放入室中的，如果在室内原样张开陈设起来，一是高度不够（朱雀顶饰有雉羽等，超过室顶高度），二是占用了室内少半的位置，棺椁无法进入，因而要尽量减少屏风的体积。

复原工作，先从去锈入手。屏风的铜构件锈蚀严重，锈层很厚。出土时呈

屏风出土情形

翠绿色，去锈后，构件表面的鎏金已部分脱落，有部分器件在鎏金的金色上再用黑褐色漆绘线纹，勾勒器件的轮廓和动物形铸件的鳞纹、眼睛等。铜构件完成去锈处理后，发现上面刻有数字“一”“二”“三”的顺序编码，有“左”“右”的字样，还有大对大、小对小的衔接口，这都为辨认屏风的结构组合、铜构件的准确位置提供了依据。经过对出土情况及各铜构件标示的记号进行分析研究，终于恢复其原来的面貌。这是一座双翼合叶式的帷屏，长 3 米，高 1.8 米，当中的屏壁分成 3 间，每间宽 1 米。正间的屏障安设两扇小门，门可向后打开。屏壁的左右侧是合叶式的两翼，可以向外、向前打开成 90 度，成一个“Π”形的帷屏。两翼合拢起来，便折成“一”字形。屏风规模大，结构复杂奇巧，装饰华丽，是一件实用的围屏，因而弥足珍贵。

整座屏风由 6 件器体较大、铸造精致、造型怪异的鎏金铜托座支撑，巍然稳固。两翼障下是蟠龙铜托座，龙首高昂，足踏双蛇座。转角处为人操蛇铜托座，塑造了一个越人操蛇形象。正中的是蛇纹铜托座 1 对，此 3 组座饰充分显示出越文化的特色。屏风顶饰由 5 件独具汉文化色彩的朱雀、双面兽首形饰做

复制件漆画屏风

装饰。屏风漆木虽朽，但从残存的漆片中仍可见屏风以黑漆为底，饰红色彩绘的卷云纹图案，极具楚文化色彩，它是汉代岭南地区汉、越、楚文化融合一体的典型实证。

屏风的铜构件如下：

蛇纹鎏金铜托座 1 对，位于屏风门两侧的底部，整体由两部分组成：一是由 3 个扁长方形套筒连成一个如“之”字形的主体，套筒内有木枋朽余；二是由 3 条蛇组成的一个支托。两部分都为分铸的，外表鎏金，保存尚好。三蛇相互缠绕构成，蛇首回旋在中部，蛇身上紧缚向外飘扬的云纹带饰，圆转流畅。蛇尾弯垂着地构成 3 个支点，以支承屏风取得平衡。出土时，蛇体下支撑座架被砍断，与构件分离，堆置在东墙北端转角处。

人操蛇鎏金铜托座 1 对，构件分上下两部分：上部如与之相对应的上角折叠构件的倒置，大小及结构形式相同；下部以跪坐的力士俑为主体，力士跪坐，高 16.2 厘米，面朝屏风转角的前方，双眼瞪圆，眼珠外突，宽短鼻，口衔一

蛇纹鎏金铜托座

条两头蛇，4 颗獠牙咬紧蛇身。力士两手各操一蛇，两腿各夹一蛇，5 条蛇纠缠一起，构成一幅形象生动、极富艺术感染力的画面。力士托座位于屏风的左右转角，是连接与支承屏壁与两侧翼页的一对主要构件。力士的左右侧各伸出 1 条绞缠的蛇体，组成一个平面为曲尺形的着地支点，下葬时，这部分已砍断。去锈后，鎏金几乎脱失，但力士俑的双腕和每条蛇的颈部还保存有一圈褐色的漆绘链饰。

这对托座的力士体矮胖，膀圆肩宽突胸，短衣短裤，为当时南越国劳动者的塑像。赤脚平底足，五趾，跣足的造型尤为逼真。古时岭南地区“陆事寡而水事众”，“越人善作舟”，直至今日，福建、广东的疍民在船上朝夕掌橹驾船，多数都是平底足，这对力士有可能就是南越国中最底层越人的形象。

蟠龙鎏金铜托座 1 对，原有鎏金，几已脱尽，通高 33.5 厘米。托座为 1 龙 2 蛇 3 蛙，呈蟠龙护蛙的群体铸件。蟠龙扬脖、昂首、屈肢、盘尾，四足踏着支座，支座由两条蛇组成。两蛇各缠一只青蛙，蛇头聚合在支座后面正中，蛇身分向两边，延伸、会合于正中，形成一个 U 形座。被蛇缠绕着的两蛙，

人操蛇鎏金铜托座

蟠龙鎏金铜托座

张口暴目，双肢用力作挣脱状，表情恐怖紧张。龙的双耳后掠，大口张开，一只青蛙隐藏在龙口内，体半露，头朝外，两前肢攫住龙的口角，神态安详，好像在庆幸得到了龙的保护，逃脱了恶蛇的追袭，这蛙的神情与支座上被蛇缠着的两只蛙那种惶恐之情对比强烈。龙脊上有个活动的套榫与翼页的下包角铜构件焊接，下葬时被砍断分开。

古代，对生活在南方高温多雨地区的民族来说，蛙和蛇是常见的动物。在神话传说中，蛙是雨的“使者”，它发出鸣叫，诱使雨神给土地带来甘露，且它又捕食有害的昆虫，对农业有益。所以，在古代两广及西南地区使用铜鼓的民族，对蛙奉若神明，把它铸塑在神圣的铜鼓面上。而蛇是吞蛙的，是邪恶的象征。这个蟠龙托座的造型奇特，龙张口护蛙，四肢亦踩踏着缠着青蛙的蛇身，不让蛇吞食青蛙。突显一个以龙为主导的抑恶扬善的主题，构思奇妙，想象力

朱雀鎏金铜顶饰

双面铺首鎏金铜顶饰

丰富，是一件寓意深远的艺术作品。

朱雀鎏金铜顶饰 1 对，通高 26.4 厘米。伫立在屏风两侧转角折叶构件上端的方座之上，两件大小及形态相同。昂首、展翅、翘尾，通体鎏金，自颈以下及双翅，遍刻鳞状羽纹，形态优美，富于动感。尾巴是开口的，原来插有雉鸡的尾羽。出土时还有 5—8 条羽根残留在尾巴内。朱雀是主南方之神，是当时统治阶级内部崇尚神仙思想，特别是祈盼羽化升天精神的写照。其造型形式富有想象力，无拘无束、王气十足，反映了那个时代的阶级特质和社会风向，是华夏民族传统画像艺术造型的智慧结晶，也体现了秦汉时期朝气蓬勃的艺术生命力。

双面铺首鎏金铜顶饰 3 件，分别安装在两翼障和屏顶的正中央，造型相同。兽首双目圆突，鼻高而宽，张口露齿，上髭分两边向外卷翘。头顶的双角、两眉和两耳向外伸展并相互绞缠成卷云纹样。双角、眉毛和卷云纹均用黑漆勾勒轮廓。朱雀的头顶、兽首的额上和卷云纹的顶端都有管状小插座，以插雉鸡的尾羽饰，雉羽成扇形向屏风后面飘垂，五彩缤纷。整座围屏堪称艺术杰作。

（二）丝织物与印花工具

本墓的 7 个室和墓门前的外藏椁中都有丝织物的发现，墓主、殉人以及铜、铁、玉石、陶等各类随葬器物都与丝织物有关联。西耳室出土丝织物最多，品种亦最丰富。瘞藏的织物在室中分置成 4 堆，以中间一堆最大，织物都盛于竹

西耳室丝织物出土情形

笥中，有“帝印”封泥同出，估计不下100匹，数量上不亚于长沙马王堆1号汉墓。可惜，由于墓中积水，干湿交替，保存环境太差，已全部炭化，用手指轻压即粉碎。不过借助显微镜，仍可以清楚地看到其纹理结构，这对我们研究汉代岭南纺织工艺水平有着十分重要的意义。经过丝织品专家的观察、整理、鉴认，其品种有：平纹绢、方孔纱、斜纹绮和高档的锦、罗、绉纱以及手工编织的组带共8类20多个品种，可以说代表了南越国时期丝织物的最高水平。

绢　平纹的生丝织物，西耳室出土最多，呈棕黄色，整匹瘗藏。普通绢大量用来包裹随葬的器物。

朱绢　见有4整匹随葬，出土时色泽鲜艳。朱绢有先染和后染之分。从显微镜鉴察发现一块先染后织物证，是绢匹的“边幅”，其中的经丝（约160根）呈棕黄色，而染过朱砂的纬线则显朱红色。表明这些朱绢在织造前，先用朱砂涂染丝纤维，然后上机织制。这种先染后织的工艺流程，可使丝纤维涂染均匀，保证织物无糊孔现象，成品外观美丽，手感平滑，且染后组织结构依然清晰可辨，代表了汉代高超的朱砂涂染工艺水平。

绣绢

绣绢

朱绢

超细绢

此外，还发现有朱纱、朱染菱纹罗。这类朱染的高档织物在满城汉墓和马王堆汉墓都有发现，是秦汉时王公贵族中最时尚的衣料。看来，当时僻处南陲的南越国贵族也同样喜欢。朱砂这种矿物，如果用普通的碾压办法来研磨，就会失去鲜艳的红色而变成红黄色，所以必须用相互碰撞的方法，使它的颗粒变细，才能保持其鲜艳的红色。且朱砂不溶于一般的溶剂，仅可溶于强酸性的“王水”，故而这些朱绢、朱纱、朱罗历经两千多年出土时朱红色依然鲜艳，没有斑驳脱落，也没有褪色，朱砂仍牢固地黏附在丝线上，实在令人难以想像。现代研究纺织史的专家认为，当时的朱砂是怎样加工的，两千年前的工匠又是使用什么黏合剂把朱砂涂附到织物上，使其分布均匀，既不糊孔，又不凝成团块且不褪色、不脱落，至今还是个谜。

超细绢　呈深棕色，平滑光洁如纸。组织密度较大，经纬度密度每平方厘米达 280×100 根，还有的达到 320×100 根，可谓汉代细绢之冠。如此大密度的绢，在已知汉绢中还未见先例。古代的轻纱薄绢以马王堆 1 号墓出土的素纱蝉衣最为著名，衣身长 160 厘米，重 48 克，还不足 50 克，可谓轻如蝉翼。但该衣的经纬密度每平方厘米 62×62 根，与普通绢相当。超细绢这种高档织物要求其经纬线不断裂、不起毛，才能织出光平如纸的绢。岭南的番禺，属亚热带，高温多雨，常年保持着较大湿度，比较适宜制作这样的超细绢。墓中出土的超细绢，其组织的密致程度，恐怕已胜于古代的“冰纨”了。

研光绢与云母砑光绢　织物经过砑压展平，相当于近代的染布工艺中用碾布石压平织物，以使绢面光洁平滑，获得质坚、透气的效果。还有一个标本，见到绢面有深灰色云母粉末涂布。它是在绢面上撒上云母粉砑压，使丝织密实，让黏在纤维上的云母粉末分布均匀，附着力加强。经这道工序后，绢面平滑，光芒闪烁，有缎子一样的效果。这种云母砑光绢，就目前所知，尚属初见。

黑油绢　出土于西耳室，绢面涂了某种油类，做成“油布”，黑腻有光泽。这种用植物油类涂抹织物以防雨的做法，可以说是中国纺织工匠的又一发明。这种涂层工艺，在汉绢中是首次发现。绢经过植物性油类涂层的整理，外表极为光滑，可防雨防潮，南越国贵族用来做防雨的衣料、车伞盖防水油布，非常适合南方潮湿多雨的气候。

丝绵

织物

印花纱

罗　用合股丝以罗组织组成，质地薄，手感滑爽。墓中出土有菱纹罗和朱染菱纹罗两种。菱纹罗标本出于西耳室一面绘画铜镜的背面，可见此镜是用菱纹罗包裹的。织物的地纹及起花部分的结构清晰，孔眼均匀。与满城 1 号汉墓出土的菱纹罗相同。朱染菱纹罗则是用朱砂涂染，朱砂分布均匀，无糊孔现象，原应是整匹入葬的。

锦　用彩色经线或纬线显出花纹的丝织物。西汉的经锦只用两色或三色经线，到东汉发展到五色。本墓出有素色锦、朱黑二色锦和绒圈锦 3 种，分属两色或三色的重经组织。织物分别出自西耳室、东侧室和西侧室，都是用于包裹铜镜的。

纱　经纬稀疏，质地轻薄呈显方孔的织物。有素色纱、朱纱、印花纱、漆俪纱、绣纱。除了印花纱、绣纱原来是整匹或整卷随葬的之外，其他都是小块的残片，多数出土于西耳室。

印花纱与印花工具　在西耳室叠置绢匹的附近，出土两件青铜铸造的印花凸版，一大一小，其纹样与长沙马王堆 1 号墓出土的两幅泥金银印花纱的图样相类。但图案的单位纹样比马王堆的要大。这两件印花凸版呈偏薄板状，背面

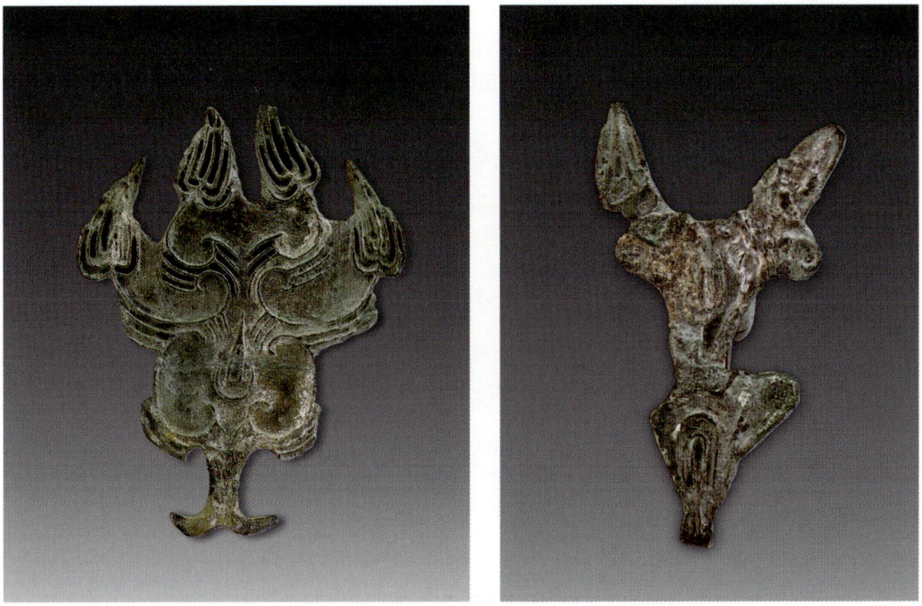

印花凸版

各有一穿孔小钮，可以用绳系住，便于执握。大的长 5.7 厘米，宽 4.1 厘米，正面花纹近似小树，有旋曲的火焰状纹，线纹凸起，十分薄锐，花纹凸起底版约 1 毫米，属于“主面纹”版。小的长 3.4 厘米，宽 1.8 厘米，凸版轮廓近似“人”字形，正面有凸起的云纹，为“定位纹”版。两凸版出土时用丝织物包裹，同为在丝织物上印染图案的工具。从模拟实验中得知，在一幅长 1 米、宽 22 厘米的织物上，用“定位纹”版和“主面纹”版来印花，像盖图章那样，逐个打印，要打 400 多次。如果纹样旁的小圆点同样是用印版打印的，还要加 200 次。就是说一次印成要打 600 次。一幅长 10 米的织物，就须打印 6000 次，可见所费工夫之大。在西耳室出土的丝织物中，发现有整匹随葬的印花纱，因织物炭化，无法打开，整体图样不清，只见到印有黄白色如火焰的线纹和朱红色的圆点，是用这套铜印花凸版打印出来的图案，比长沙马王堆印花织物的图案要大一些。据专家研究，马王堆的印花纱按分 3 次打印计算，每米织物上先要印 1200 次以上，但南越王墓出土的，每米只需打印 600 余次就行了。由此可见，这两小片铜印花凸板，它虽貌不惊人，又不见经传，但它在人类纺织历史上，却是迄

南越王墓印花纱复原图

今发现年代最早的一套印染工具。长沙马王堆 1 号汉墓出土的金银色印花纱，被认为是目前世界上最早的彩色套印织物。南越王墓印花凸版的发现，为这批彩色套印织物提供了套印的实物资料，它们在中国纺织印染史及世界科技史上都有非常重要的价值。

在墓中出土的随葬物品中，大多数还留有原来是用丝织物包裹之后才随葬的器物。以西耳室为例，小到一把铁削刀、一件玉剑饰，大至铜壶、陶罐以至

马王堆出土印花纱图

成捆的箭镞或车马等器件上都有丝织物包裹捆扎的遗痕，可见当日王室中使用丝织物的靡费情况，有如今日人们用包装纸和塑料袋。这一方面彰显了王室生活的奢华，同时亦可说明南越境内丝织手工业相当发达，南越国拥有自已专门的丝织作坊。《汉书·地理志》说到海南岛是“男子农耕，种禾稻苎麻，女子桑蚕织绩”。《汉书》的纪事，上自高祖，下止于王莽，都是西汉一代的史实，南越国时，珠三角的居民无疑也有种桑养蚕及从事丝织生产活动的，本墓出土丝织物的品类之多、产品之精就是最好的说明。但限于现有技术难以科学地对这批丝织物进行展开、分析研究，它们当中还藏着很多未解之迷。相信有朝一日我们会有更科学的手段来解开当中的秘密。

（三）熏香蔚成风气

熏炉，燃熏香料的专用炉子，器形多种多样，有圆形的、方形的，还有博

四连体铜熏炉

山形的，质地有铜、陶、瓷等，其共同点就是熏炉的盖上有大小不一的镂空透气孔，可使香烟散发出来。

本墓出土不同质地、不同造型的熏炉共 13 件，其中陶熏炉两件，铜熏炉 11 件。铜熏炉分有单体和四连体两种：单体的有 6 件，炉体主形与之前广州发掘的南越臣民墓出土的类同；四连体的共 5 件，由四个小方炉并连如“田”字形，其盖、身、座足分铸而后合成。这 5 件四连体铜熏炉在秦汉考古中尚属首次发现。其中 3 个随墓主人赵眜入藏西耳室，另两件则随右夫人赵蓝入藏。

单体铜熏炉

陶熏炉

足见这 5 件造型独特的熏炉，在南越王室的日常用器中档次的高贵。

考古发现表明，我国在室内熏香的习俗最晚可追溯到战国时期，据《长沙楚墓》的统计，截至 20 世纪 90 年代已发掘的 2048 座楚墓，发现陶熏炉 26 件，分别出于战国晚期的 26 座墓中。在汉代的岭南地区，比如广州发现的南越国时期墓，约有 1/8 出熏炉，到汉武帝之后就较普遍了，东汉墓中除了盗扰严重的之外，几乎都有熏炉发现。相比，熏炉在中原地区出现较晚，洛阳烧沟发掘的 220 余座汉墓（上限到武帝时期），仅出熏炉 3 件。由此表明熏香的风习是由南向北推移的。

燃熏的香料是一种草本植物——蕙草，又名熏草。它有一种特殊的香味，得到许多人的喜爱。在汉代，熏衣、熏室是贵族阶层生活的高级享受。

广州汉墓出土的熏炉，炉内尚有未烧完的炭粒，当时燃熏用的大概是树脂类的龙脑香（冰片）。即在炉中的炭火上放入龙脑香，使其慢慢发烟。广州南临南中国海，海上丝绸之路当不晚于南越国时期，墓中出有产自红海的乳香，此乃香料从南海丝绸之路输入之物证。《史记·货殖列传》：“番禺（今广州）亦其一都会也，珠玑、犀、瑇冒、果布之凑。”果布即龙脑，由龙脑树干所出的结晶，称龙脑或冰片。原产印尼的苏门答腊、加里曼丹等地。从《史记》的记载来看，这种高级香料，在岭南中心地番禺已非罕有之物。加上岭南多雨，环境潮湿，蚊虫容易滋长，在室内熏香，除了满室芳香之外，还有驱蚊、除湿的功用，因而熏香的生活需求与适应南方自然环境亦有关联。

（四）铜镜荟萃一堂

描写花木兰从军故事的《木兰诗》言：“当窗理云鬓，对镜贴花黄。”可见爱美之心，人皆有之，古今中外，无一例外。古时候没有镜子，人们对着水影整理妆容。人类是从什么时候开始使用镜子的，目前还不是十分清楚。从世界范围来看，铜镜大体可分为东西两个系统：一个是以我国为代表的圆镜系统，即在背面有系钮的铜镜；另一个是在西亚和埃及、希腊、罗马等文明古国广为流传的圆板带柄镜系统，即有柄镜。

目前资料所示，在公元前6000年的土耳其的卡达尔弗克新石器时代地层中出土了黑曜石制作的镜子。在伊拉克的基石遗址（前2900—前2700）、伊朗的苏莎遗址（前2000）中都出有铜镜。在埃及第十一王朝时期的石棺浮雕纹饰中，有持镜妆饰的贵妇人像，其年代也在公元前2000年，这些铜镜都是带柄镜。

在中国，目前见报最早的铜镜是1975年在甘肃省广河齐家坪墓葬出土的一面圆形素镜和1976年在青海省贵南县尕马台25号墓出土的圆形七角星纹饰镜，这两处均属齐家文化遗址。齐家文化是我国铜石并用时代的一种文化，距今约4000年。这两面镜均型制小、造型纹饰较原始，应是目前考古资料中所知中国最早的铜镜。随后，商、西周和春秋时的铜镜，只有零星发现，说明铜镜在当时的使用并不普遍。直至战国，青铜镜始盛行，产量大增。到汉代，由于日常生活的大量需求，加之西汉中期经济飞速繁荣，铜镜制作工艺产生了质

连弧龙纹铜镜

的飞跃。其时所制铜镜工艺精良，质地厚重，镜背铭文、图案丰富多样。后经唐宋时代两次发展高峰，到明清时期，随着近代玻璃的诞生，铜镜逐渐淡出历史舞台。

铜镜多由青铜铸造，有圆形、方形、菱花形、亚字形，等等，以圆形居多。铜镜的纹饰丰富多彩，不同时期有不同的特征。因此，铜镜的纹饰与造型可作为对古代墓葬断代的依据之一。

从目前已发掘的南越国时期墓葬中出土铜镜的情况来看，一般一墓一镜，个别出两面，而本墓是座有殉人的大墓，共出土铜镜 39 面，所出土铜镜种类之多、数量之众在全国是极为罕见的。属墓主的 6 面出于西耳室，东侧室的 4 位殉葬夫人随葬 14 面，西侧室随葬 7 个奴婢共出 10 面，东耳室出 7 面，墓道和前室各出 1 面。按其制式分为楚镜、秦镜、汉镜、齐镜等。按纹饰可分为 9 型：龙纹镜、龙凤纹镜、山字纹镜、连弧纹镜、菱花纹镜、弦纹镜、全素镜、绘画镜和错金银嵌绿松石复合镜。这批铜镜出土时有 3 个特殊现象，一是西侧室的殉人头部都有一面铜镜覆盖着，其他室的殉人虽然遗骸已朽无痕，但铜镜都出

“十”字形龙凤纹铜镜

三龙纹铜镜

云雷纹地连弧纹铜镜

缠绕式龙纹铜镜

于棺位置的头端，只有东侧室的一面因积水浮移，遗物零散，铜镜已非原位。古时是用“幎目”（一幅素巾）覆于死者脸上的，但铜镜不等于幎目，究竟有何用意？未明。二是属墓主人随葬的铜镜6面不放入棺椁内，全放在御库的西耳室中。三是铜镜入葬时，多数是用丝织物包裹的，有的上面留有毛茀等梳妆用品以及穿在镜钮上的绶带。因铜镜的纹饰都铸在背面，要采取机械的或药物的去锈法以显花纹，但如何除锈就颇费推敲了，因为包裹和捆扎在外表面的丝织物遗痕等，除锈时实不宜都一起去掉，如果留有挂镜的绶带，就更应保留着。怎样确定每面铜镜上遗痕的去与留？修复人员经过一番衡量，先挑选出墓道与前室所出两面较残破的镜进行试验，然后定出全部去锈的、仅局部除锈的和不除锈的3种不同处理方式。

六山纹铜镜　在西侧室RX殉人身上发现。去锈前镜的花纹全被锈蚀的织物所盖，当约占镜面1/4的面积进行除锈处理后，显露出两个“山”字纹的大半，这时已确定这是一面山字纹镜。再去其1/4，露出4个“山”字纹，由此，考古队决定全部去锈。6个“山”字主纹呈逆时针方向倾斜，浪花形羽状纹地，

六山纹铜镜

纹样繁缛。

山字纹镜是战国时期最流行的铜镜类型。其主要特征是镜背的纹饰中，在羽状地纹上由3至6个类似山字的图纹为主题纹样，山字之间通常配以花瓣纹、叶纹和绳纹。山字纹镜均为圆形，钮座则有方有圆，山字分列于钮座之外，有左旋、右旋两种。根据山字纹的数目，可分为三山镜、四山镜、五山镜和六山镜4种。从目前发掘资料来看，四山镜是出土最多的，五山字纹的很少，六山字纹的铜镜更是十分稀罕。目前现存的六山纹镜只有6面，一面存日本，一面在北京的国家博物馆，一面在上海博物馆，这3面都是传世品。另1992年在河南洛阳市西2区CIM3492号战国墓出土两面六山纹镜，主纹的6个山字是顺时针方向倾斜的，可惜这两面六山镜均残。南越王墓的这面六山纹镜，是考古发掘年代最早、保存最完好的一面，珍罕难得。

错金银嵌绿松石带托铜镜　出于西耳室。出土时整器用织物包裹，而收口放在镜面上，因此，镜托只有一薄层锈结的丝物覆盖着，镜沿处3个环钮上所系绶带凸现可认。除锈时采用了局部保留（绶带部分），再部分去锈的处理方式。这样，镜背的复杂花纹可以显现，而镜面也恢复其光平可鉴的原样。

中国古代的铜镜，一般都是整块铸成的，一面光平，另一面有花纹，光平一面用来照人。镜背中间有钮，系上组带便于手拿或悬挂。镜钮之外铸出各种纹饰。而这面带托镜是由镜面和镜背两块分别铸制组合而成，构造甚为特别。

镜托制成凹形的托盘，将镜面嵌入，中间用胶漆黏结牢固，因而又称复合镜。镜托背面有复杂的图案，用金、银、红铜、绿松石嵌错而成。背面布列9枚漆金乳钉，每枚乳钉的座，都用红铜做成四叶花瓣形，上错金丝。以乳钉为基点，纵横划线，将画面分成多等份，以红铜为地制出带几何图形的勾连纹，上错金银丝，又在空隙处填以绿松石。镜的边缘处等分3个环钮，以系组带，组带还保存着。整个镜背嵌错精细，绚丽多彩，极为美观。

此镜的金属成分，经过电子探针的分析得知，镜托与镜面的合金成分是大不大相同的。镜托主要是铜铅合金，铅的含量比铜还多。因这在冶炼时，铜加入铅后，高温的铜汁不易凝固，容易流动，铸出的花纹特别清晰，但铸出的成品因氧化容易变灰黑色。镜托的含锡量仅0.72%，所以其质地柔软，不容易破裂。

错金银嵌绿松石带托铜镜——背

错金银嵌绿松石带托铜镜——面

彩画铜镜

彩画铜镜局部

而照容的镜面的含锡量高，故质地较坚硬，经打磨抛光后，其反射效果极佳，但缺点是质脆，容易破裂。带托镜就是把刚性易碎的镜面，与柔性的镜托复合起来，扬长避短。这种刚与柔结合的工艺，在柔性铜铸件出现之前，可以说是古代劳动人民智慧的高度体现。

彩画铜镜　出于西耳室，共 3 面。有两面与带托镜等分别叠置于墙脚处。一面出于室的中部器物的底层，直径 41 厘米。这面大镜专门用一个漆盒盛放，漆盒的上面压着一个漆木的铁工具箱，箱内放有各种铁工具等器物 71 件。出土时盛镜的漆木盒已被压扁且朽坏，仅见有朱漆绘云纹的残漆皮。镜背纹样为：平缘内有 15 个内向连弧纹绕一周，中间以一圈凹面宽带纹分隔成为两区，内区绘卷云纹，外区绘人物。但漆绘人物画面大部分被锈层覆盖，多模糊不清，估计可能有 4 组人物，只有一组较清晰可认。中央有两人跨步弓腰作斗剑表演。两侧各有站立观看的人，左边一组 4 人，1 人在前引导，3 人成群在后，均拢手而立。右侧三人成群，亦拢手站立。估计这 3 人之前还有 1 人，因锈层所盖，未能辨明。漆画的颜色，目前所见有白色、青绿色两种，原来可能不只这两种颜色，也可能是受铜锈色泽的影响。镜钮中残存绶带结。这面绘画镜的绘画风格与长沙马王堆 1 号汉墓的帛画相似。

这面绘画镜是目前已知国内考古发掘所见最大的绘画铜镜。修复人员曾在这镜的连弧纹边沿有漆绘珠纹处，选定已有珠纹脱落的地方进行去锈的小实验。结果，漆绘的珠点纹与锈层一起剥落。这表明这面珍贵的绘画镜在目前的技术条件下，不宜作除锈处理，因此原样保存。

（五）奇妙特异的牌饰

本墓出土了 16 对牌饰，墓道和外藏椁两殉人处各 1 对、主棺室墓主的玉衣两侧出 4 对、东侧室的夫人棺位置中出 3 对、西耳室出 7 对。这些铜牌饰分为龙龟纹、二羊交缠纹和嵌平板玻璃 3 种。

在横长方形的铜片上铸出透雕或浮雕的动物纹牌饰，是古代北方草原游牧民族最具特色的服饰之一，是匈奴文化因素的遗物。这种牌饰大多发现在中国长城内外燕山一带，蒙古和西伯利亚也有发现。在中国，大约始见于春秋晚期，流行于战国，直至西汉中晚期，有的延续到东汉。远在岭南的两广百越人，很难想象会同这种牌饰有缘，然而在两广地区南越国时期墓及稍后的汉墓中居然有所发现，现已发表的动物纹牌饰有19件。它们皆作横长方形，表面鎏金，大小相近，周边微凸棱，牌心浮雕或透雕动物纹。背面平素，中间竖立两个长条形的环钮。动物纹饰有3种：一种是二羊交缠，共14件。二羊左右背向卧伏，躯体下半部向上翻转，似相偎寻欢状。另一种是一龙二龟纠缠，共4件。龙昂首屈体，呈两圈相连的“∞”字形，两圈内各有一龟，位置倒向，引颈回首。再一种是二钩啄怪兽纹。怪兽似马，嘴呈钩形鹰啄状。二怪兽左右背向卧伏，后半躯向上翻转，中间似有凸起的兽面。这19件铜牌饰，除1件出于银山岭西汉晚期墓葬外，余18件皆为南越国时期牌饰。南越王墓就出有10件，其中二羊交缠纹牌饰6件，一龙二龟纹牌饰4件。与上述三种动物纹样相同或比较相似的横长方形铜牌饰，发现于宁夏回族自治区同心县倒墩子村匈奴墓，年代为西汉中晚期。出于死者腰部以下的两腿旁或脚下，有的牌饰背面两半环钮中间还有革带残留。由此推测，倒墩子村所出的铜牌饰也是皮带上的装饰，穿系于皮带后再折叠包裹，然后放置于死者腿旁或脚下随葬。

宁夏与岭南地区远隔千山万水，那这些具有匈奴文化风格的铜牌饰又是如何出现在南越王墓中的呢？有学者认为，秦王朝统一六国后，曾经发动了两次大规模的军事行动——北击匈奴，南平南越。南越国中的原秦军将士，有的曾经参加过北击匈奴的战争，这些匈奴文化风格的铜牌饰就是他们带到岭南地区的。这种看法基本上不错，但我们不能忽略时空的变易，汉匈文化的交流和相互影响，以及它们之间的差异。因此，我们不能简单地把两广地区发现的铜牌饰说是从北方草原带来的，应对其加以对比分析。

一龙二龟纠缠纹牌饰　早在新石器时代器物已见原始龙的图像，但各地所见形象不一，商周时期龙纹统一被视为中原华夏文化的标志。到秦汉时期，龙纹形象得以统一，全国各地的汉墓壁画、帛画、画像砖以及各种器物上的龙纹形象基本相同，两广、倒墩子村匈奴墓出土牌饰上的龙纹与之相差无几。龟作为灵物，新石器时代已流行灼龟甲以卜的习俗，但以龟入画或器物上以龟纹饰，则是商周中原文化所独有。秦汉时期，在中原地区龟的形象更多，但北方游牧

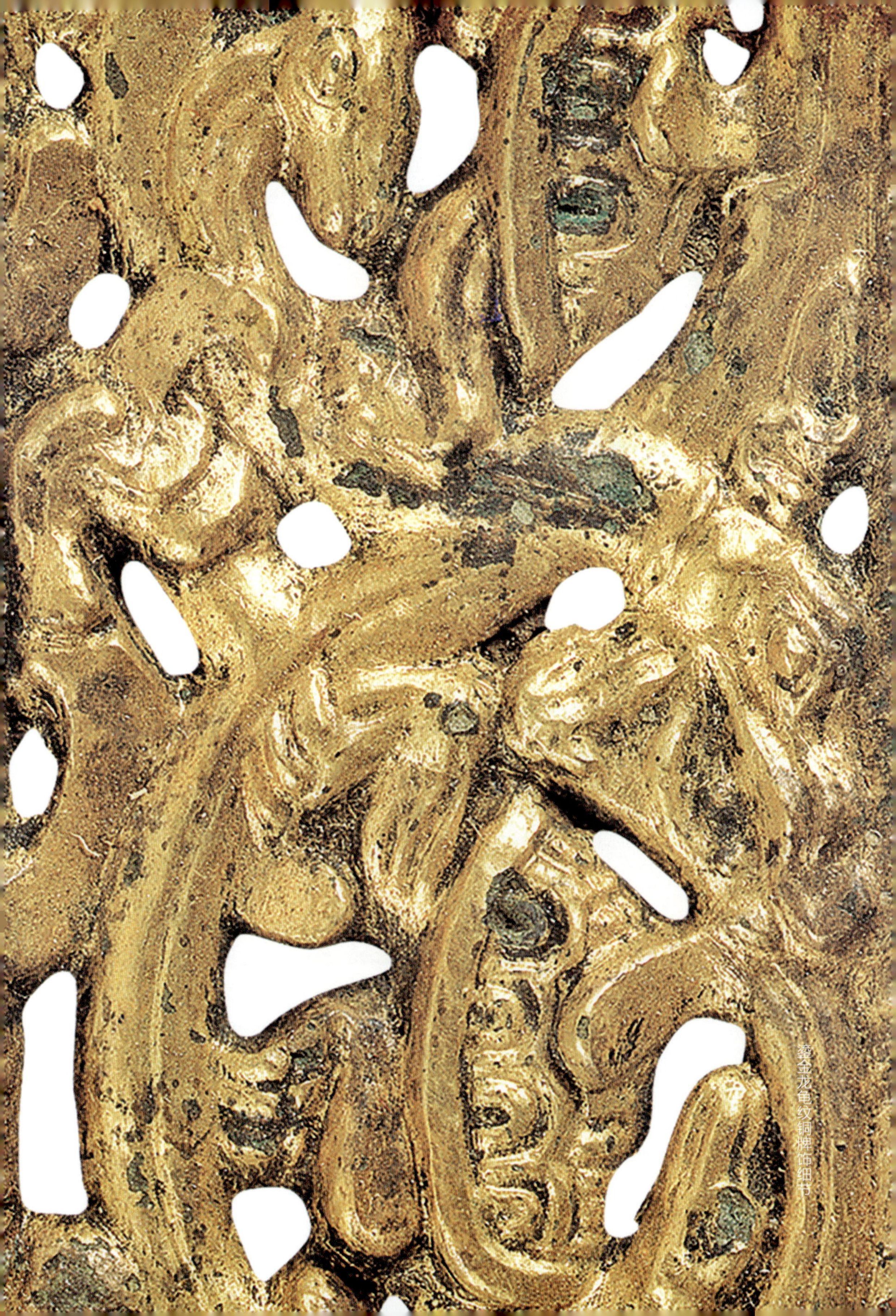

鎏金龙龟纹铜牌饰细节

鎏金龙龟纹铜牌饰

鎏金雌雄羊盘错纹铜牌饰

民族文化的龟图像似未见过。由此分析，南越王墓和倒墩子村匈奴墓的一龙二龟纹样，应是动物纹牌饰中出现最晚的纹样，且具有强烈的汉化特征。因此，可以推测，倒墩子村匈奴墓所出的有可能是中原汉人所制作的产品。两广的一龙二龟纹牌饰则只见出于南越王墓墓主及“右夫人”身上，其来源或是南下中原带来岭南，或南下中原的人在南越王宫廷的仿制。

二羊交缠纹牌饰 商周以来以羊作为题材的器物比比皆是，北方草原地区更广泛以羊作装饰，它们具有浓郁的草原气息，或作猛兽噬羊、两羊相背两尾纠结状，或两羊上下相向卧伏、左右背向卧伏，或后半躯向上翻转等形态，都是北方草原生活的真实形态。而中原地区的羊纹图像，一般是代表吉祥物的单羊或单个羊头，或在汉墓壁画中偶见有羊群图像，罕见北方草原那样的羊图像，因此可以说，墓中所出的 6 件二羊交缠纹牌饰，应是北方游牧民族的制品。在本墓出现，可能是北伐匈奴的秦官兵将其作为战利品，并在南平百越时带到岭南的，但也不能排除是南越国仿铸的。

平板玻璃牌饰 有 11 对，其中两对已朽烂。这种玻璃牌饰是仿匈奴牌饰制作而成的，应为本地制作的，为南越国所特制。

这种嵌平板玻璃的牌饰，在目前所见考古发现和传世的牌饰中属于首见，也是唯一的。在桓宽《盐铁论・力耕第二》载：“璧、玉、珊瑚、琉璃成为国之宝。”足见玻璃是当时的贵重物品。汉王朝也有很多使用玻璃的记载，如汉武帝在元鼎年“起招仙阁于甘泉宫西，编翠羽麟毫为帘，青琉璃为扇”“赵飞燕女弟居昭阳殿……窗扉多是绿琉璃”“得白珠如花一枝，……以赐董偃，盛以琉璃之筐”。可见，玻璃在当时被视为珍贵之物。

这些玻璃牌饰是当时高层贵族所特有的服饰佩件，南越王对之甚为珍惜。因此，入藏在西耳室的 7 对出土时都是两块玻璃两两相合，中间夹上一层细麻纤维或丝绵作隔垫物，每对再用丝绢包裹，然后放入竹笥内随葬。这些牌饰均为横长方形，周边凸起铸出穗状纹框，鎏金。牌心嵌纳一块浅蓝色平板玻璃。玻璃表面平整，又具有一定的透光性，根据其外观判断，小块平板玻璃可能是先经浇铸成薄板状后再经适当地研磨切割，加工成适合的尺寸进行镶嵌。一面垫一片薄木板，木板上又覆盖一块铁盖板。在盖板的中间分铸出两个半环形鼻

玻璃牌饰上细麻纤维

钮。每对牌饰的大小略有差异，大约分为 3 种：第一种长 10 厘米，宽 5 厘米，厚 0.8 厘米；第二种长 9 厘米或 9.5 厘米，宽 4.4 厘米，厚 0.3 厘米；第三种长 8.6 厘米，宽 4.4 厘米，厚 0.3 厘米。南越王墓中的玻璃器物，除有平板玻璃外，还发现有玻璃璧、蜻蜓眼、小串珠、贝饰和鼻塞等。经中国建筑材料科学研究测试中心对其中的平板玻璃（C181、C211）、玻璃璧（C192）和玻璃串珠（D140）鉴定，这些玻璃器物均属铅钡玻璃，应是中国自制的，平板玻璃尚属我国古代墓葬出土中的第一次。

从考古资料获悉，目前已知年代最早的铅钡玻璃制品是湖南长沙、衡阳、资兴等地楚墓出土的玻璃璧和河南省辉县战国墓出土的圆圈纹珠。年代与南越王墓相近的徐州北洞山西汉楚王墓，墓中也出土玻璃杯 16 件，蜻蜓眼纹的玻璃片 3 片和重达 852 克的玻璃残兽 1 件。经鉴定，也属铅钡玻璃。因时代早的铅钡玻璃制品大多发现于长沙楚墓，故推测长沙是中国较早制造玻璃的地区之一。南越王墓出土的玻璃璧，从颜色和表面纹饰来看与长沙、资兴等地战国、西汉墓出土的玻璃璧基本相同，而且主要化学成分也较接近。铅钡玻璃制的谷纹玻璃璧，在长沙一带战国墓中是较为常见的。因此这些谷纹玻璃璧很有可能是当时从长沙输入广州的。但平板玻璃、小串珠等则为长沙和中原地区所未见的，应为当地所产。南越王墓出土越式铁鼎、古越人的乐器句鑃和铜烤炉等，从高温冶炼角度考虑，有了冶铁、铸铜技术，烧制玻璃就有了基础。因此，可以这样认为，南越国的玻璃制造业是在原楚地的影响下建立起来的，由王国工官监造。南越王墓出土的平板玻璃，是迄今为止发现的年代最早的平板玻璃。它的发现，对研究中国古代平板玻璃的生产有着重要的意义。

（六）姿态不一的带钩

带钩分束带钩和挂物钩两种。前者是古时人们在束腰的革带或丝绸带上的钩具，多以青铜铸造，亦有金、铁、银、玉、骨等质料的。带钩整体由钩首、钩体和钩钮组成，钩和钮是连接革带两端的结合点，花纹装饰都铸或刻在钩体

西耳室玻璃牌饰出土情况

蓝色平板玻璃铜牌饰

蜻蜓眼

玻璃串珠

的表面，钩首多取动物造型，钩背平素无纹。

位于前部的钩首，用来扣住革带左端的穿孔，在钩背中后部带短柱的钩钮是革带右端嵌入后用以固定的。它的使用功能，在出土的战国铜造像和秦兵马俑坑的陶俑中有具体的实例供参对。挂物钩的体形都较小，用于挂印、饰件和佩剑。

中国最早的带钩出现在史前良渚文化中。1972 年，在浙江桐乡金星村发现了一枚玉带钩；1984 年，上海青浦县福泉山遗址的几座良渚文化墓中也有玉带钩出土，接着在浙江余杭良渚文化遗址中亦有发现。这些遗址共发现有 10 余枚玉带钩，造型大致相似。钩整体呈长方形，体表不大，长 3—9 厘米，宽 5—7 厘米，一端有圆孔以穿绳带固定，另一端为平钩，如曲尺形。从其结构形制来看，已具备实用的功能了。

就目前资料所知，青铜带钩最早出现在山东蓬莱的两座西周晚期墓中。在陕西宝鸡凤翔的春秋秦墓，出土有铜或金、玉的带钩，河南固始、淅川和湖南的湘乡、陈家湾以至北京怀柔等地的春秋墓出土有铜或玉的带钩。其中，山东

浙江余杭长命乡雉山村反山墓出土的玉带钩

上海青浦福泉山遗址出土的玉带钩

龙虎并体玉带钩

八节铁芯龙虎合体玉带钩

临淄1号春秋晚期齐墓，出土金带钩2枚、铜带钩64枚。墓中殉人多的一人有11枚，少的也有4枚。可见这时期带钩的使用已较普遍。战国时代和汉代的文献都可见关于带钩的记载，如《庄子·胠箧》：“窃钩者诛，窃国者为诸侯。”《淮南鸿烈集解·说林训》：“满堂之坐，视钩各异，于环带一也。”可见带钩在战国时代和汉代是人们日常生活普遍使用的物品。在汉代考古中，一般汉墓都会有带钩发现。

南越王墓出土带钩36枚。这批带钩除放置在墓主棺椁“头箱”中的6枚和置于玉衣头套前的虎头金钩扣玉龙带钩外，其他基本出现在墓主人和各室殉葬人的腰腹部、身体旁边和牙齿附近。由此分析，这批带钩分束腰钩和挂物钩两类。按钩首造型分，则有水禽型、龟型、蛇型、龙型、虎型。按材质分有金、玉、银、铜4种不同材质，其中金带钩2枚，银带钩7枚，铜带钩23枚，玉带钩4枚。当中有少数的钩是虎头龙尾，或龙头虎尾的龙虎合体钩，特别精细。下面选几例介绍。

龙虎并体玉带钩　青玉质，半透明，晶莹光泽。全器由一块整玉雕成。钩首呈虎头形，钩尾雕作龙首。龙虎并体呈S形，颈部以下透雕有一线窄缝分开。钩的中部透雕一环，龙张口啮环，虎亦伸爪攫环，形象栩栩如生。整件玉钩构图新奇，雕琢精细，抛光亮洁，其构思堪称一绝。

八节铁芯龙虎合体玉带钩　青白玉，透体圆雕。由一根铁柱穿连8块玉子组成，多处为铁锈沁染。虽然铁芯玉带钩在全国发掘出土不少，战国时代的、汉代的都有，但南越王墓出土的这件带钩雕镂特别精致。钩为龙虎合体，背部呈弓形弯拱。钩尾由一块玉子雕出宽扁的虎头，凸眼，直鼻，獠牙，弯卷的胡须上扬，虎虎生威。虎颈套一多节的圆箍。后爪伸及龙钩近颈处。钩首龙头形，瘦长，由一块玉子雕出，颈两侧饰勾连云纹，龙的两后爪伸到虎的颈箍。钩身由5块玉子组合，雕成龙虎的混合体。就目前所见，与之类似的铁芯玉钩，年代最早只到战国时期，还未见有春秋时期的。

镶嵌绿松石龙形铜带钩　钩体为铜胎，外表包金，镶嵌绿松石。钩背自龙首以下一段贴金箔片，刻细线花纹，钩首的龙头用金片锤揲成形，眼珠、耳背有镶嵌物，已脱失，仅额部残存一颗绿松石，颌下颈部两侧纹样为一条游龙，

镶嵌绿松石龙形铜带钩

龙首嵌宝石银带钩

游龙尾部汇合正中成一鹰首。通体用金丝编结成鳞状网眼，每个网眼当中嵌一颗绿松石，成为地纹，两侧再辅以朱雀纹等图形相衬，做工极为精细，是设计巧妙的金属镶嵌工艺佳作。出土时还可见到全器用丝绢裹缠的遗痕。

龙首嵌宝石银带钩 钩体侧视呈弓形，表面铸出虎纹、云纹等繁复的图形，当中分嵌三组宝石。这枚银钩的背面布满由点与线组成的针刻云纹，有别于一般带钩背面平素无纹。钩体表面高浮雕纹饰中，分三组镶嵌宝石，宝石原已脱失。纹样分三段：第一段为钩首，龙头形，下侧有卷云纹；第二段位于钩体隆起最高处，纹饰的主题是一龙首，浓眉圆目，双角直竖，两侧还有一只高浮雕的飞虎；第三段为钩体正中至钩末端，这段是革带挂扣后的显露部分。钩面当中分别镶嵌三组宝石，每组之间都用卷云纹作隔界。这枚带钩除了钩背有针刻纹之外，钩钮的面也刻有四角星纹。全器通体鎏金。

还有一对龙形玉带钩。这五件体型硕大、制作精巧的带钩并没有放置在墓主玉衣上，而是全出于墓主棺椁头箱中，与其他随葬品混置一起。本应为实用

龙形玉带钩

之器，却与头箱中极为珍贵的物品一起，不知是否单纯因为是墓主人生前使用过的心爱之物而用于随葬，亦或是头箱中这些精美带钩除了墓主人生前的实用物之外，是否还带有其丧葬的风俗，或是因为下葬时发生了功能上的改变，而不再放置在墓主人的腰部。而在墓主腰间还出土有3铜、1银，器形小的带钩。这4枚带钩则具实用功能。

此外，除后藏室外，其他各室都发现有器形稍小、造型各异的挂物钩。

雁首金带钩　出于西耳室。钩首为雁形，作回首状，长喙突出体外，双翅合敛。雁的眼睛用细线纹刻出。钮扣呈一圆形薄饼状，钮柱呈圆柱体，末端有凹槽。薄饼状的钩扣出凸榫套入柱钮中，榫头有叉口，套入钮柱后加以压力，叉口分开，把饼形钩扣固定了，但可以转动。

龙首七星纹银带钩　出于东侧室左夫人脊椎骨上，同一位置有铜镜，附近还有“左夫人”鎏金铜印和组玉佩。显然，这是用作随身佩戴铜镜、玉佩和印章等物的挂钩。龙头形钩首，曲颈细长，颈部以下的龙身呈图案形的变体，后部分叉，上半龙尾上卷，下半为龙爪，末端残缺。上饰浮突的七星勾连纹，如

雁首金带钩

北斗星座的布局。此钩的构图纹饰简洁，具有抽象意趣，与上述龙首嵌宝石银带钩纹饰之繁丽成了鲜明的对比。

龟首铜带钩　钩首龟头形，回首，两眼显突，隆起的背甲饰回字形纹。本墓出土的龟首形带钩共6件，其中银质的1件、铜质鎏银的1件、铜质鎏金的4件，同为长不过4厘米的挂物钩，分别出于东耳室和东西侧室殉人的棺位置处。

龙首七星纹银带钩

龙纹银带钩

鎏银龟首铜带钩

雁首鎏金铜带钩

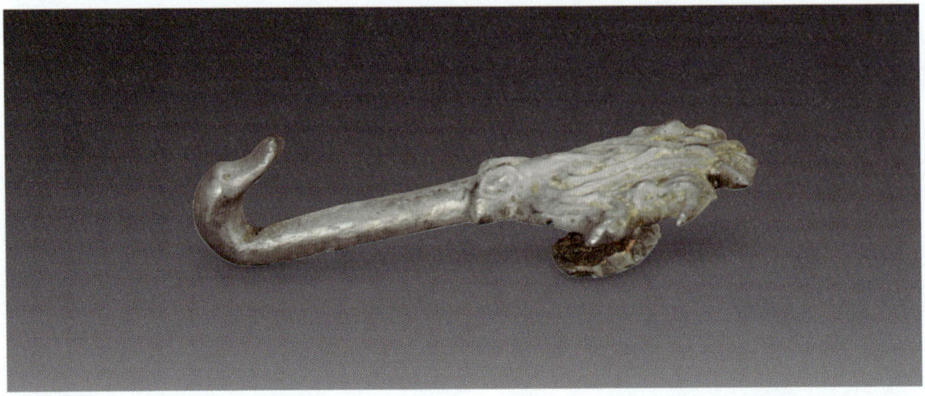

雁首银带钩

鸭首铜带钩

蛇形铜带钩

八

岭南文明之光

（一）铁器与渔农业

同中原地区相比，岭南使用铁器较晚，从考古资料知道，岭南地区在广东始兴白石坪战国晚期窑址出土一件铁臿和一件铁斧，在封开利羊墩战国晚期墓出土一件铁锄。这三件铁器是已知岭南地区最早的铁器标本。这些铁器，是楚人进逼岭南后流入的，当时，铁器流入岭南的数量极有限，流通的范围亦不大。

秦统一岭南后，随着大批中原人南下，许多铁器才在岭南普遍使用。西汉时期的墓葬遗址中出土铁器数量急剧增加。据不完全统计，属于南越国时期的铁器就已出土 700 余件。从出土铁器的品类看，有剑、戟、矛、铠甲等武器；有渔农工具的鱼钩和锸、锄、镬、镰、铲等；木作工具有斧、锛、凿、铲、刻刀、刮刨、锤、钉、锉刀、劈刀、弯刀、削刀等；属烹饮器的有鼎和烧烤的专用器具；还有家居用器方面的带钩、针、锥子、钳等。可见，南越国使用铁器已经比较普遍，铁器已经进入社会生活的各个领域。铁制生产工具的使用，对开发岭南具有重大作用，是促进岭南社会文明的一个重要物质条件。从铁器的分类数量看，南越国制造的铁器，最多的是工具和武器，表明它们在各自的部门中已占有重要地位。但我们从考古发现铁器的分布地点来看，南越国的铁器多数出于墓葬中，岭南地区南越国时期墓葬分布是在：北江沿岸的曲江、乐昌，西江沿岸的肇庆、梧州，郁江沿岸的桂平、贵县，桂江流域的贺县、平乐，尤以珠江出海口的岭南中心地广州较为集中。可见，其发展极不平衡，致使其生产和推广有一定的局限性。

这里，我们从探索南越国的铁器根源，就可发现南越国铁器是在特定的历史条件下出现的，即在秦始皇发兵岭南时，由拥入岭南的数十万北方军民带来的。这是因为：第一，在南越国建立以前，岭南出土铁器极为罕见；第二，南越出土铁器，除少数工具外，绝大多数可以在原楚地和中原内地的战国汉初墓中找到相同的器形、相同的锻铸工艺，彼此间的源流关系清楚可见；第三，《史记·南越列传》和《汉书·西南夷两粤朝鲜传》记载，赵佗与汉廷关系恶化的一个重要原因是吕后“禁南粤关市铁器”，实施对南越国的金铁田器禁运的政策，为此，赵佗接连派遣内史藩、中尉高、御史平三次上书汉廷请求解禁，可见，南越国渴望得到中原铁器的迫切心情；第四，汉朝政府从武帝开始实行盐、铁专卖，据《汉书》记载，汉政府在全国设铁官 49 个，岭南地区是空白的，但番禺却设有盐官，因此，铁器的生产和推广使用必然受到局限；第五，贵县罗泊湾 1 号墓随葬木牍《东阳田器志》牍文所记的东阳田器锄、臿，表明南越国所需铁器至少有一部分来源于东阳。东阳是地名，这里指秦置东阳县故址，位约在今安徽省天长市西北。从这五点可以推断，南越国没有较具规模的冶铁业，所需铁器原料要依靠中原供应。

虽然，岭南在秦统一之前当地已有青铜铸造。铜和铁在生产程序上是相接近的，但技术上冶铁要比炼铜困难多了。单从温度要求来看，纯铁的全部熔化温度是 1537℃，即使铁中含碳量为 4.3% 时，全熔温度亦需达 1146℃，这比之青铜（约 800℃）或纯铜（1083℃）要高出很多。因熔点要求，炼炉的容积不可能很大，铸件的体积必受到限制。南越王墓中出土一个重 26.2 公斤的越式大铁鼎，其基体组织为铸造过共晶白口铁，即采用泥范法用生铁铸造而成。体型如此硕大的器物需多炉熔炼生铁，配合浇铸而成，反映出当时南越国能铸造如此复杂的器件，但亦只见一件，可见其并没能力扩大生产。出土的大部分铁质工具还是采用锻打加工的方式生产，未见有铸件类的生产工具，而且很多都是由几种不同含碳的原料锻打在一起的器件，如铁方銼、铁锛、铁铲等。还发现有用废料重新加工锻打的成品，如铜箭头的箭镞杆。对比中原地区，早在战国至西汉期间，由于退火技术的出现，铁工具已改为成批铸造生产了，之前所用的落后的逐件锻打的生产方式早已被淘汰了，为何岭南地区当时已有中原生产技术传入，在铁的生产与使用推广上却未能同步赶上中原？看来，首先是由于矿藏资源缺乏，锻打可以收旧利废，用故铁进行加工改制也可权济当时急需

越式大铁鼎

之用，而如果用冶铸，就非有矿石作原料不可。其次，因为当日岭南的大开发正处于起步阶段，还有技术保守的一方面，如南越王墓中出土的 4 个铜提筒，底边都出现有分裂痕的缺陷，表明当时南越国的铸铜工匠仍延用中原地区战国时的工艺，即把提筒矮圈足的浇铸口设在器的底部中央，浇铸时金属溶液凝固收缩，边沿处有的地方显得单薄而有裂缝。

南越王墓出土铁器 200 余件，其中以农具、手工工具为主，仅西耳室就出土有包括斧、锛、凿、铲、刻刀、刮刨、锤、钉、锉刀、劈刀、弯刀、削刀等

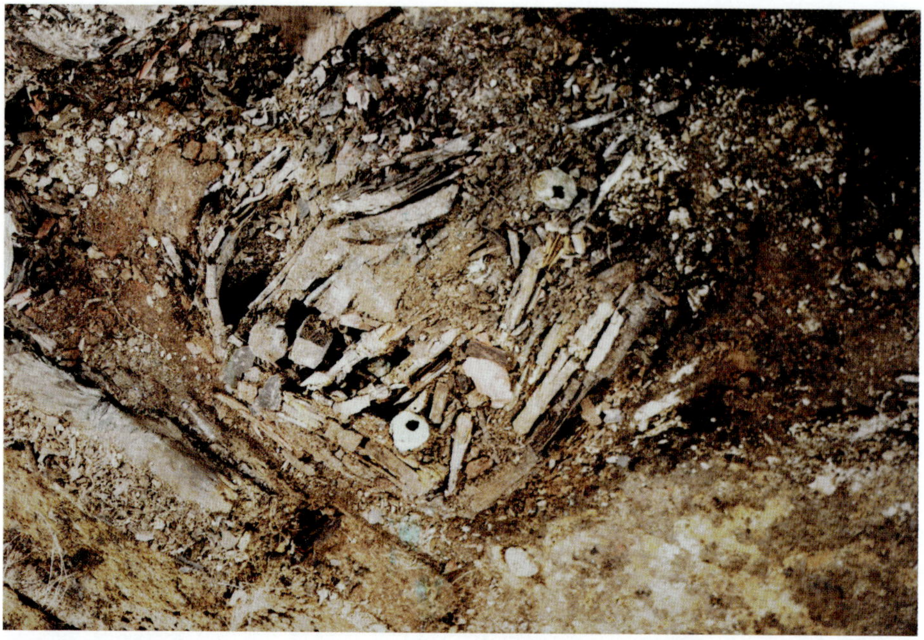

西耳室漆木工具箱出土情形

铁圆锤

铁方锤

铁锛

70余件铁工具。这批工具数量大，种类齐，为过去的发掘中所少见。其造型优美，结构合理，适于手工操作。从大小造型看，它们大多属于细木作工具。它们大多利用炒钢坯料加热锻打，在加工过程中，表面又作渗碳处理，借以提高硬度。反映了当时锻铁的高超技艺，钢组织的硬度已经可以满足需要。南越王墓出土的铁器虽不能完全反映广州地区冶铁技术的全貌，但依据这里的44种类铁器，至少可以认为，在西汉初期，铁器在岭南地区尤其是手工业中已得到广泛应用。此时的南越国铁器大多是从中原输入铁材，然后在本地加工制造的。工人在制造上已经掌握了热锻加工和淬火处理工艺，而且学会了铸造铁器。这点，从南越王墓出土铁器（部分样品）的检验结果来看，就更清楚了。这批铁器对岭南地区早期经济、文化发展，特别是冶铁技术发展的研究，提供了实物依据。

铁器的推广，使砍伐林莽、开垦荒地、兴修水利、深耕细作都可以有较大规模的发展，对推进农业、手工业以及人们的日常生活等方面的社会物质文明的进步，无疑是一个重要的物质条件。

在南越王墓出土了一些铁农具，有锸、锄、镬、镰、铲，还有劈刀和弯刀，

铁斧

铁刮刀

铁刮刀

铁环首刀

铁䦆

铁凿

铁刻刀

铁刮刨

铁劈刀

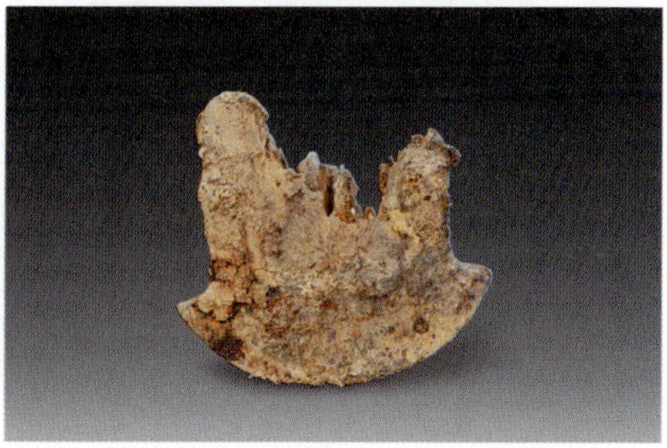

铁锸

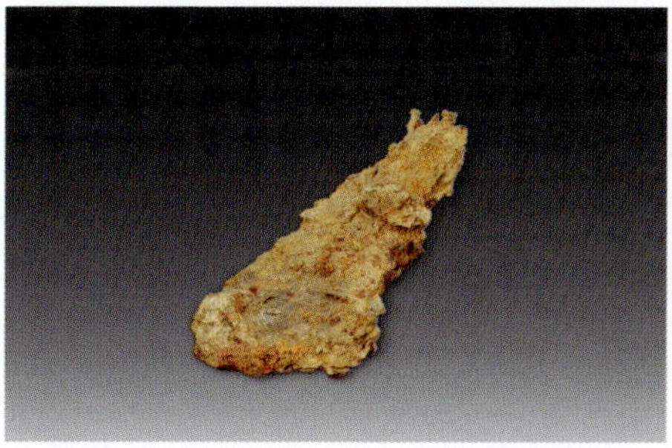

铁䦆

铁镰

均为实用器。这既传达了南越王重视农业的思想，又说明了农业是南越国经济的主要支柱。

西汉中期，岭南地区开始流行反映农业生产发展的模型器随葬。两广汉墓出土的灶、井、仓、囷、房屋等模型，在珠江三角洲农村至今仍可见到实例。其中一种上下两层的干栏式住屋，上为人居，下为畜栏，正对畜圈的屋内地台中挖有厕所坑穴，厕所和圈栏相通连，说明当时已注意收集人畜粪便，在农业

铁铲

生产中使用厩肥。由此可见，作物产量恐怕不会很低。还有用于储粮的仓囷模型器，它们都是干栏式建筑，通风防潮，很适合在南方地区潮湿多雨的自然环境中使用，它们的普遍出现，也是农业发展、粮食增多的一种反映。

早在新石器时代，岭南就已开始种植水稻了。在石峡新石器时代遗址中，就曾出土了籼型稻和粳型稻。本墓后藏室有 3 个陶罐，内装有 200 只以上的黄胸鹀（禾花雀）的遗骸，由此证明，当年珠三角的河网地带已是农田连片了。在稍晚于南越国的岭南汉墓中，也常见有稻谷出现，说明稻谷是南越国的主要粮食作物之一。此外，两广汉代考古所见粮食还有粟、黍、豆、大麻籽及属北方旱生作物的高粱。人工培植的瓜菜有芋、葫芦、黄瓜、西瓜、冬瓜等。瓜果品类很多，有梅、杨梅、酸枣、橄榄、乌榄、橘子、桃、李、荔枝、人面子、甜瓜、木瓜。除此之外，还有花椒。事实上，岭南首次大开发时期，铁器从中原输入并得到推广，对本地区的农业和手工业生产带来一次革命性的变革，属于飞跃式的发展。

南越国是否使用牛耕，史书没有记载，两广地区已发掘的南越墓中至今也未发现有铁犁。但从赵佗“进口”马、牛、羊等牲口来看，可能已有牛耕，但

广州汉墓出土干栏式陶屋模型

非常有限。

史料记载，吕后执政时，将长沙国与南越国的“关市”撤掉，并禁止对南越国输出铁农具和马、牛、羊等牲口，即使要给，也只给雄的，不给雌的，以钳制牲口的繁殖。这显然是有意刁难，卡住南越国发展农业和手工业生产的命脉，急得赵佗多次派人到长安上书朝廷，请求吕后重新开放边境贸易。吕后不许，从而引发赵佗发兵攻打长沙国，并自称武帝，公然与吕后对抗。由此，汉越交恶，兵戎相见。到汉文帝即位后才恢复了汉高祖时对南越国的怀柔政策。由此可见，从北方地区输入铁农具和牲畜，对南越国的农业生产及家畜饲养业的发展是何等重要。

南越王墓内 7 个室，有 4 个室发现动物遗骸，大多数装在容器（陶瓮、罐、铜鼎等）内，其中以后藏室最多，其次为西侧室，经鉴定有水产、家禽、家畜、野生动物共 21 种，据不完全统计超过 2522 个实体，数量如此之多，种类如此

广州汉墓出土陶囷模型

之丰富，为岭南考古首见，在全国的汉墓中亦属罕见。估计当中属于人工饲养的禽畜有35只家鸡、4头家猪、1只山羊、2头黄牛的个体。属于野生的有竹鼠和不少于200只个体的禾花雀。占总数70%的水产动物，经鉴定有螺、青蚶、河蚬、楔形斧蛤、龟足、真虾、笠藤壶、大黄鱼、广东鲂、鲤鱼，还有中华花龟、中华鳖等。这些水产动物多数生活于咸淡水性环境，亦有属于海产的动物。其中数量最多的是青蚶，其次是龟足，这些栖于海洋的动物，今天要在广州市区东20公里的黄埔区以外或惠阳沿海地区才有分布。由此告诉我们：南越国时期广州（番禺）附近的自然生态环境是一片河流交错、水网发达的珠江三角

大黄鱼头骨

大黄鱼椎骨

鲤鱼残骨

鱼脊椎骨

广东鲂大咽骨

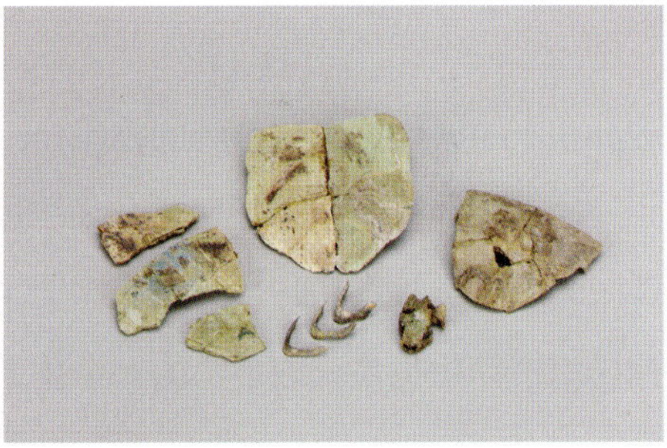
花龟残骨

中华鳖残骨

耳状耳螺

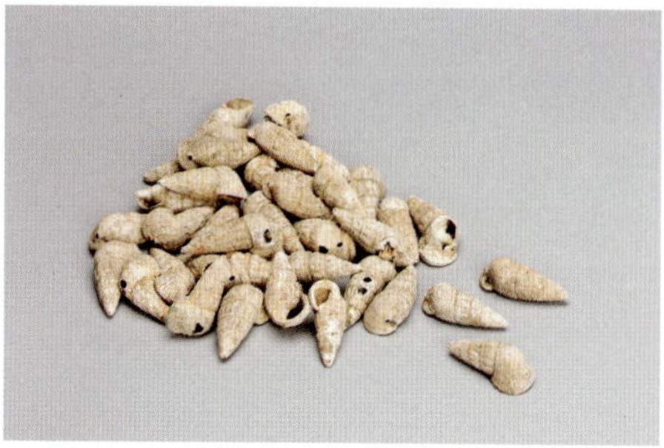

沟纹笋光螺

青蚶

楔形斧蛤

禾花雀残骨

洲冲积平原，作为南越都城的番禺是一个海岸河口城市。

岭南大地在南越国时期社会经济进入了一种多元的经济结构，其中心地的珠三角地区进入农耕时代，家庭副业主要是饲养禽畜，渔猎经济亦相当发达，捕捞海产动物也是获取食物的一个重要来源。

（二）青铜器的制造

根据史料和考古发掘的研究，大约在西周、东周之际，岭南地区开始使用青铜器，生产的青铜器绝大多数是斧、钺类工具和短剑、矛、镞等武器。铸造工艺大多粗糙，形体薄小，具有独特南越文化风格的青铜器不多，堪称重器的更少。到了战国时期，楚国势力进逼岭南，五岭通道开始打通，此时，岭南地区的青铜冶铸业有了进一步的发展，拥有了自己的冶铜业，生产的青铜器在数量和种类上比前期有所增加。出土很多如盘口鼎、羊角钮钟、靴形钺、人像柄匕首等这些外地很少见到、具有浓厚的岭南文化色彩的器物，这些器具应为本地铸造。秦平岭南后，中原地区先进的生产技术更得以在岭南传播和应用。在当地土著民族和南迁汉族人民的共同努力下，岭南地区的青铜冶铸业在冶铸规模、冶铸技术方面有了空前的发展。从南越王墓出土的500余件青铜器和广西贵县罗泊湾1号墓出土的200余件青铜器可以看出南越国时期青铜冶铸技术的最高水平。

而这一时期，中原地区大量使用铁器和漆器，青铜器已逐渐屈居次要地位，但在南越国社会，青铜器仍占有主要地位。南越王墓出土的青铜器，以生活中乐器、酒器、炊器和服饰用品中的铜镜、熏炉最具特色。

南越王墓出土的青铜器，基本上可区分为中原汉文化和当地越文化两个系统。例如，在东耳室出土有钮钟、甬钟，属于汉文化系统。而同处出土的勾鑃、铎则可能是受吴越文化的影响在本地铸造的，如墓中发现了大小不同的3个铜烤炉，炉上各种烤炙配件齐全，有悬炉的铁链、烤肉的铁钎和长叉。大烤炉底部还装有四个轮子，便于移动。出土时，有两件烤炉内仍塞满黄泥范，表明它们是刚刚被铸出便成了随葬品，也表明这是南越国本地制造的产品。同一器形

越式铜鼎

鎏金铜壶

铜盉

的青铜器，有的还可以区分出汉文化系统、南方楚文化系统和当地越文化三个类型。例如铜鼎，既有圜底蹄足的汉式，又有平底高足的楚式，还有以三撇足为主要特征的越式。铜镜大多是楚式，或是在楚工影响下的汉式。在汉式、楚式铜器中，至少有一部分应是从中原内地或楚地输入的，如墓中出土的楚式铜鼎具有明显的地域特征，可以肯定是从与南越毗邻的长沙楚地输入。另汉式鼎、壶、钫、瓿、鉴、蒜头壶、匜、镜、剑、戈、矛、弩机等，这批器物，无论从

铜瓿

铜鉴

蒜头壶

鎏金铜匜

鎏金铜铜

造型、纹饰或工艺都与中原地区或楚地出土的相似，应是由岭北传入，当然也有一小部分是由本地仿制的。如后藏室所出 4 件“番禺”汉式铜鼎，虽形制为汉式，但在盖及腹刻都有“番禺”或“番”字铭刻，番禺为广州旧称，是南越国首府，可见，这几件鼎应是南越国仿汉式鼎自铸的。还有东耳室出土有两件

铜钫

铜钫

铜钫，两件器型、纹饰相同，只大小稍有差异。稍大的一件纹饰线条流畅，有浮雕感。器身不鎏金，盖鎏金。从器型观察，盖似为后来补铸。而另一件略小的，纹饰线条较呆板，铸造较粗糙，应是当地仿造的。无纹饰的地方均鎏金，虽华丽却不如前者古朴庄严。此外，还有一部分青铜器可能来自广西与越南接壤的骆越部族聚居地，如东耳室出土的铜提筒。南越王墓出土的青铜器，多数属于南越王国宫廷的专用品，由南越国工官监造。如出于东耳室一套勾鑃，在每个勾鑃正面有“文帝九年 乐府工造”字样，说明这是南越国乐府所铸的。铜镜同为宫廷中的专用品，其中有的由南越王国工官在本地铸造。有一部分楚式器、汉式器，则可能是汉廷赐予或从内地购置的。

南越国的青铜器，大多集中发现于南越王墓、罗泊湾 1 号墓和平乐银山岭墓地，其他南越墓中则不多见。但是，在这如此高等级墓葬出土的青铜器中也有不少修补焊接痕。对照《汉书・南粤传》中有关赵佗上书汉文帝曾抱怨汉朝廷在吕后掌政时禁绝“外粤金铁田器”（金，即铜）的记载，可知南越国的青铜器并不富足，开采铜矿的能力有限，所需铜材至少有一部分还要依靠中原的供应。同时从青铜器的铸造工艺水平来看，南越国与中原还有一定距离，许多青铜器的制作采用的仍是中原东周时期的传统工艺，如两分范合铸容器、活芯垫控制器壁厚度以及圈足器的浇口设在器底中部的技术。这些工艺在中原多见于东周时期，秦汉时已大为减少，而南越国青铜器仍普遍采用这些过时的传统工艺铸造，表明南越国铸铜工艺水平与中原还有一些差距。不过，南越国时期青铜铸造业发展还是很快的，大大缩短了岭南地区与中原发达地区的差距。

（三）制陶业

陶器是以泥土为材料做成坯胎，再经入窑烧制而成。多为生活实用器或专门制作用于随葬的明器。它在人类艰难漫长的发展历史中，对人类生活所起的作用是最大的。早在新石器时期，岭南地区就已经开始烧造陶器，迄今为止，岭南发现最早的陶片，是广西桂林甑皮岩遗址中出土的，经科学鉴定，距今有8000 年以上历史，也是目前国内考古发掘所见最早的陶片。到商周时期，制陶工艺获得了很大发展，形成具有浓郁地方特色的一个陶系（岭南地区已出现种类繁多的几何纹陶）。战国时代，由于窑灶的革新，这时出现了龙窑，工具中出现了铁斧和青铜刻刀，岭南的制陶业又有了新的发展。从各地战国墓出土的陶器看，当时的陶器种类不断增多，纹饰丰富多样，而且出现了各种精美的陶塑模型。南越国建立之后，制陶业继承和发展了岭南地区新石器时代几何纹陶的制陶工艺，制陶技术及工艺得以进一步提高，制陶业的规模更大，成为岭南地区古代制陶业发展的第一个高峰。据现有的考古资料，在南越国的各种手工业中，制陶业是最为发达的。

岭南早期陶器可分为“软陶”和“硬陶”两种。前者陶土较粗，质地松软，烧成温度在680℃至800℃之间，出土时往往不能成型。而硬陶陶土经过精炼，质地较细，陶质坚硬，烧成温度在1000℃左右，这类硬陶，多发现于岭南新石器时代晚期遗址中。其表面常见有四方形、菱形、小方格形、曲尺形、圆形等纹饰，不少纹饰中又填充三角形和“米”字形、“F”形字纹等，由于这些花纹图案很多都是几何图形，因此，被命名为“几何印纹陶”。到春秋战国时期，几何印纹陶达到鼎盛阶段，形成了独具岭南地方特色的一个陶系。就广东地区而言，几何印纹陶的发展，可划分为四个阶段：最早出现的是曲折纹陶，新石器晚期；第二阶段是夔纹，属西周至春秋时期；第三阶段是米字纹陶，属战国中、晚期；第四阶段是以方格纹带几何图形戳印为特征的印纹陶，以南越国为代表。

南越国阶段的制陶业传承本地区先秦时期几何印纹陶的工艺传统而有较大的发展。这时期的陶器特征主要为：其一，制作方法。其陶质可分为夹砂粗陶和泥质陶两种。以灰白色的泥质硬陶为主，其陶土经过精心的淘洗，并掺有少量的细沙，煅烧的火候高，达1200℃左右，胎质坚硬，叩之声响清脆。制坯工艺采用手捏、模制和轮制三种方法。手捏的仅限于一些陶塑的象牙、犀角、网坠、弹丸、纺轮及灶模型等。模制器亦很少，主要是仿器物上的铺首、部分盖钮、耳等附件。大量的陶器均采取轮制。凡圆且器形较大的器物，多是泥条盘筑、慢轮成型后再加上器底。这种慢轮成型的陶器壁往往会出现厚薄不均匀的现象，器物亦不大规整。各种小罐、小盒、小碗等器体较小器形，是于其身底一次用快轮旋出，再把底部多余的陶土切去。这种快轮制作的陶器，胎壁厚

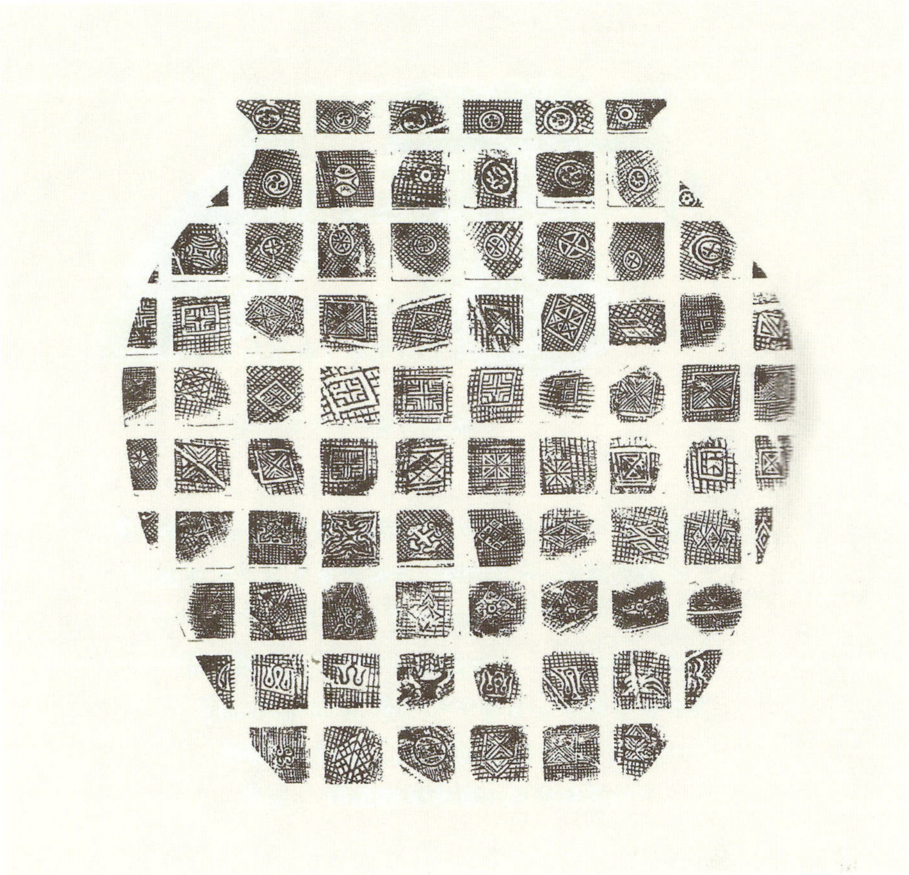

广州汉陶几何印纹拓片

薄均匀，器形十分规整。这种快轮制陶技术在当时是较进步的工艺。从出土的许多陶器工艺来看，当时南越国的陶工是比较熟练地掌握了快轮制作工艺的。南越国时期，随着制陶技术的发展，陶器种类急剧增多，施釉的陶器较普遍，釉层薄而不匀、色青黄，属高温的碱釉。而其胎、釉膨胀系数不匹配、结合不紧密，因此，出土时多已剥落。其二，纹饰。南越陶器纹饰以拍印纹和刻划纹为主。拍印纹在日用器中则以瓮、罐的数量最多，其纹饰基本上是在方格纹地上再饰以各种几何图形戳印（戳印的几何图样逾百种之多）的主纹、地纹组合，这是当地越文化与汉文化在陶器纹饰上融合的典型实例。此外，还有小盒、三足盒、小罐、三足罐、联罐和熏炉等，这几种日常生活用器的器形制作规整，

“长乐宫器”陶瓮

纹饰施制精工，常以篦纹、水波纹、鳞纹、绚纹等构成组合带，有些外挂薄釉，一器之成费工费时。其三，器型。器型丰富多样，新出现了鼎、盒、壶、钫等属于中原汉文化的礼器，这些陶礼器常出于南越国时期的中型、大型墓。而瓮、罐、瓿、小盒、三足盒、小罐、三足罐和联罐，还有碗、盆、熏炉等，都是最具本地区文化色彩的实用器皿。这三者构成秦汉时期岭南地区独具年代特点和地方特色的南越陶器。

南越墓葬和遗址都发现有陶器，数量以万计。以墓葬为例，最少的一墓出土一件陶罐或几件陶碗，最多的一墓出土大小陶器二三百件。南越王墓出土陶器有24种型，分为371件陶器和620枚陶网坠，是出土陶器最多的一例。主要是容器、炊煮器和日用器。既有瓮、罐、瓿、鼎、壶、提筒、盒、钵、碗、盆、釜、甑、熏炉等生活用器，也有作为明器的陶璧145件和作为生产工具的陶网坠，还有类似现代乐器沙锤的鱼形响器和盒形响器。很多生活器皿里原来还存有粮食、禽兽的骸骨、海产贝壳、鱼和果品等，还有的陶罐内盛有药饼。大量多功能陶器的出土，说明其在南越国宫室日常生活中起着重要的作用。

南越王墓出土的陶器，从胎质、纹饰来看，主要是灰白或浅灰、灰黄色胎

陶罐

“长乐宫器”陶鼎

泥质硬陶。器表施几何形纹饰，主要有几何纹戳印纹、水波纹、弦纹、方格纹、篦纹等。以轮制技术为主，器钮、耳等附件多捏制成型。除泥质硬陶外，还有少量夹砂粗陶，如鼎等。夹砂粗陶属耐火材料，适用于制作炊器。其器型分两类，一类仿制中原器型，一类具有南越国地方特色。从鼎的造型来看，就有汉式鼎和越式鼎两种。

（四）饮食文化

火的运用，带来熟食，拉开了人类饮食文化史的序幕。从考古资料看，岭南饮食文化的产生较中原晚，但同样在火烹时代开始。其发展的基本过程大致是：在没有外来因素的影响下，岭南饮食文化的原生期经历了漫长的岁月；至秦汉，岭南开始被“开发”，岭南饮食文化接受中原的影响而处于交融期；唐宋时，岭南饮食文化开始形成与北方不同的特点与格局，具有比较鲜明的地方特色，此为成型期；明清至民国时期，由于经济的发展以及西方饮食文化的渗入，岭南饮食文化有长足的发展，出现“食在广州”的美誉，此为全盛期。

古语云：“民以食为天。”饮食文化是人类文明发展历史的一个重要组成部分。古代，中原的移民到来之前，岭南越族先民就已有独特的饮食风格，如嗜好虫、蛇、鱼、蛤与生食。秦平南越后，中原汉人不断南迁。他们不但带来了先进的生产技术和文化知识，同时也带来了“食不厌精，烩不厌细”的中原饮食风格。岭南饮食文化得以“开发”，既坚持岭南本土的饮食，也吸收外来

陶匏壶

彩绘陶钵

三足陶盒

三足陶盒

彩绘陶壶

陶提筒

陶鱼网坠

陶瓿

陶瓿内药丸

饮食风格，博采众长，形成独具特色的岭南饮食文化。俗话说："食在广州"，这话一点不假，外地人一讲到广州，就说广州人飞禽走兽，什么都能吃，什么都敢吃。看来，这与其祖先的饮食习惯不无关系。

南越王墓中发现的饮食器皿达507件。根据其用途，大体可分为烹煮器、煎烤器、盛食器、舀食器、酒器、饮器、温器、储容器、盛冰器、盥洗器以及庖厨用具等11类。在多数的烹煮器、盛食器、储容器内发现有许多禽畜的骸骨、介壳类水产品、鱼骨，以及炭化了的粮食颗壳和果核。这批珍贵的动物遗骸，经动物学家鉴定，主要有家禽、鱼类和龟壳类。这些动物遗骸，具有鲜明的珠江三角洲沿海动物区系的特色。出土的生物中鲤科鱼类、龟鳖类均为典型的淡水生物。软体动物，如耳螺、笋光螺和河蚬等，为淡水与半咸水生物，青蚶、楔形斧蛤、龟足等都是我国南方沿海常见的水产品。这些水产品至今仍被本地居民大量食用。墓中出土水产品或野生动物，习性各异，如青蚶是以足丝固着在岩缝或洞穴中，不易被人发现，要凿开岩洞，用镊子之类的器物夹取。龟足的柄部有伸缩性，一遇触动即缩入石缝中，很难采掘。而墓中青蚶2000余个、龟足1500余个的大量出土，证明南越国时期岭南人由于长期采集、捕捞鱼类、鳖类等水产动物，已积累了丰富的生产经验，掌握了从事渔业生产的娴熟技能，对于动物的生态、习性及潮汐规律、气候变化等，都有一定的了解。由此，从一个侧面反映出南越国"陆事寡而水事众"的生活情景。此外，墓中后藏室的几个陶罐中，装有不少于200只个体的禾花雀的遗骸。禾花雀学名黄胸鹀，体形如麻雀，稍小。每年冬至前，从东北飞到闽、粤一带，喜吃灌浆稻谷。汉代的岭南人大概已掌握了禾花雀怕人、怕光、怕影和白天采食稻谷、黄昏栖于禾田的习惯，及时张网捕捉，所以才能获得如此大量的个体。墓中出土这种候鸟的大批遗骨，一方面说明南越人捕猎技能高超，另一方面也有力地说明，早在西汉初年的南越国时期，珠江三角洲已是稻田连片了。

牛、羊、猪全部去毛，掏出内脏，洗涤干净，截取肩胛、股骨、肋骨等部位，放在各种器皿中，并加封泥匣检封。出土的一些牛、猪肋骨呈黄白色，质地酥脆，与其他骨骼的色泽不同，可能是烹饪所致。家鸡、鱼类这些个体较小，不必砍碎，便可食用，所以整个放入器皿中。由此可见，南越王墓出土的动物遗骸都是根据食用习惯加工后入葬的，其中一部分已加工成熟制品了。牛、羊、猪、鸡等动物遗骸的出土，说明汉代的岭南人当时已有一定规模的饲养业，利用优越的自然环境开辟多种食物资源。

南越王墓的饮食器种类及其造型，多数与中原内地同期出土的同类器相同。主要的牲肉是黄牛、家猪、山羊和家鸡，与中原内地的肉食品没有大的差异，表明中原的一套饮食器已普及于岭南，中原饮食文化对南越国政权已产生了深刻的影响。然而，墓中保存一些富有地方特色的越式器皿，又有丰富的介壳类的食物，则又说明，南越国政权接受当地越人的生活习俗。

象征中原饮食文化的器皿是鼎。鼎最早是用来炊煮食物的器具，随着社会经济的发展，鼎的使用开始发生变化，逐渐成为贵族阶级用作祭祀、宴会或婚丧礼仪的礼器和作为区分权力等级的一种标志。从商代开始，用鼎就有了一套严格的制度，它体现了王室与其他社会阶级等级差别的森严和不可逾越性。

从考古发掘资料看，当时的中小型墓葬一般都有一到两个鼎随葬，而王室陵墓则不同，如河南安阳殷墟妇好墓，就出土有大小不同的方鼎、圆鼎 36 个，还有许多鼎的残片。到了周代，用鼎的等级差别就更为明显，规定了天子用九鼎、诸侯用七鼎、卿大夫用五鼎、士用三鼎的严格制度，鼎的身价和地位大增，九鼎成了象征最高政治权力的国器，以至到了春秋战国时竟有诸侯称霸问鼎的故事。

南越王墓中随葬有大大小小的鼎共 51 件，一墓出鼎过半百，在考古发现中是首例。这批鼎分为汉式鼎 19 件（其中 1 件为陶鼎，其余为铜鼎）、楚式鼎 1 件和越式鼎 31 件（铜鼎 17 件，铁鼎 1 件，陶鼎 13 件）。分别放置在西耳室、后藏室、东侧室和外藏椁里。

在南越王墓出土铜鼎中，仅有 1 件楚式鼎，出于西耳室。鼎敛口，深圆腹，圜底，长方形附耳，高蹄足，子口缺盖，腹上部有一圈凸棱，蹄足上部为高浮雕羊首形，衬以卷云纹地，蹄足为 13 棱柱体。器表有丝绢、竹笥残片，应为入葬时的包裹物。鼎通高 42 厘米、口径 31.5 厘米、腹径 35 厘米。这件鼎与湖南、湖北楚墓出土的铜鼎形制特点相同，应是战国时期楚国留下来的器物，后来辗转到了南越国。

楚式铜鼎

所谓汉式、越式，实际是以器物的造型和地域特色来区分的。越式鼎主要流行于古越族地区，造型分盘口和敛口两种。盘口鼎的唇缘稍内折，束颈，垂鼓腹，双耳附在盘口直唇外。敛口鼎扁圆鼓腹，腹较深，腹上部附两方形耳。都是平底无盖，外附三扁足，微向外撇。最大的两件是越式铜鼎，高 56 厘米，口径 52 厘米。其作用有类殷周时期的镬鼎。把大鼎放入墓中，其用意当属祭献性质。汉式鼎主要流行于中原地区，其主要特征是敛口，平唇，圆腹或扁圆腹，圜底，矮蹄足，长方形附耳，子母口带盖，盖为弧面形，上饰三个环形钮（个别没有钮）。属中小型鼎，口径、通高由 10 厘米至 40 厘米不等。同出铜勺 34 件，或置鼎内，或置鼎旁，表明中小型鼎是盛放牲肉的。有 4 件汉式铜鼎和 5 件越式铜鼎上刻有“蕃禺”或“蕃”等字的铭文，还有一个铜壶的颈部刻“蕃禺 三斗”，另一个铜匜的腹下刻“蕃 容三斗”，共 11 例。自从 1953 年在广州西村石头

敛口越式铜鼎

盘口越式铜鼎

越式铜鼎及铜勺

岗1号秦墓出土一件漆奁有“蕃禺”二字烙印之后，这是一墓葬有数量较多的“蕃禺”铭文发现。铭文有刻在鼎盖上的，有刻在鼎腹部的，亦有在盖与腹都刻有铭文的。有的为全称，有的为简称。例如编号G54汉式鼎，盖刻“蕃禺 少内”，腹近口沿处刻“蕃禺 少内 容一斗大半”。另一件编号G55越式鼎，口沿内刻“少内 蕃 一斗一升”。“蕃”古与“番”通。“蕃禺”是广州最早的地名，始见于《淮南子·人间训》中“一军处番禺之都”和《史记·南越列传》“番禺负山险阻南海，东西数千里”。考古发现与文献记载得以相互印证。

这批鼎出土时，部分器底有烟炱痕，可理解为原应为实用之物。有的鼎腹内还盛有猪、鸡、鱼等骨骸和青蚶，有的腹底壁有草编织物遗痕，可知这些食物入葬时是用草篓盛装放入鼎内的。还有大鼎之中放小鼎或其他器物。大多数鼎都有丝织品或草篓、竹器残痕，说明当时这些器物是用丝织物包裹后放在竹篓、竹器内入葬的。一墓中用如此多的鼎随葬，反映出南越王对鼎的重视程度。

在日常的饮食生活中，釜甑和铜鍪占有重要的地位。

釜甑用于蒸饭，使用时，甑置于釜之上，釜中盛水，甑中放生米或食物，然后同置于铁三足架上，釜下生火，蒸汽通过甑底箅孔使生米蒸成熟饭。依据从广州市郊南越时期墓发掘的食物鉴定可知其粮食多以黍米或籼稻米为主食。南越王墓出土很多鱼类，估计有相当一部分也是采用离水隔火蒸熟而食的。

铜鍪原是巴蜀地区普遍使用的炊器，因其圜底，要有铁三足架配套使用。巴蜀是中国西南地区古代民族的名称，巴族分布在今川东、鄂西一带，而蜀族则在今四川西部。公元前 316 年，巴蜀归并到秦国，秦在成都设置蜀郡。秦统一六国后，鍪这种炊器随之传播到两湖、两广等地。

南越王墓出土 16 件铜鍪，西耳室 4 件，东侧室 1 件，后藏室 11 件。后藏室所出的 11 件大小相若，排列有序。外底部有烟炱痕，有的还黏附着铁三足架的圆箍，鍪旁有叠放的铁三足架 9 个，说明这是与之配套使用的。从鍪内发现青蚶、龟足等海产品，由此推测，鍪是用于烹煮介壳类食物的器具。如前文所述，生活在南海之滨的南越国先民善于捕捞海产品，且在南越王墓和过去发掘的南越官吏墓，墓中都随葬大量的介壳类的海产品，说明越人嗜食的介壳类

“蕃禺”铜鼎

“蕃禺”铜鼎铭文

“蕃禺”异形壶

釜甑、鍪和铁三足架

水产品被南来的北方汉人所接受。那南越人是如何馔食的？马王堆汉墓《遣策》中有脍法和濯食法可作参考。脍法就是肉细切生吃，至今广东临海居民仍有生吃鱼片和生吃牡蛎的习惯。但比较常见还是濯食法。濯食法有点像北京的涮羊肉，即把生肉、介壳类海产品放入滚开的汤锅中涮一下取出食用，保持食材的鲜美。而铜鍪便是濯食法的理想炊器。南越王宫廷中很可能就是采用这种濯食法进食介壳类食物的。

同墓还同出有两个姜礤。器形与广州民间至今仍在使用的姜礤类同。礤体分上下两半，下半为半球形，里面均匀地分布着几十个漏孔。上半为礤槽，礤面呈长方形，内有多列细尖状的乳钉，用以摩擦生姜，然后在漏孔处挤出姜汁。挤取姜汁，蘸食之，可以收到祛风寒、去腥膻的效果。特别适合蘸食介壳类等海产品食物。为南越国特有的食器。

除了濯食介壳类食物外，烧烤生肉也是南越王餐席上的佳肴。

墓中出土铜烤炉 3 件，大小不同，均为长方形。大烤炉边长 61 厘米、宽 52.5 厘米、高 11 厘米。炉沿宽面，中部稍斜凹，四角微翘，炉盘底平，中部微凹。底设 4 个轴轮，可推动。炉体的两侧各附两个铺首衔环。炉内四边都有排柱支撑盘沿，其作用是增强盘沿的强度。炉盘面和四侧壁都饰有兽纹和蛇纹。小烤炉边长 27.5 厘米、高 11 厘米。口沿面较宽，四角微翘起，腹壁垂直，底略下凹，

铜姜礤

铜烤炉

铜烤炉足部

铜烤炉

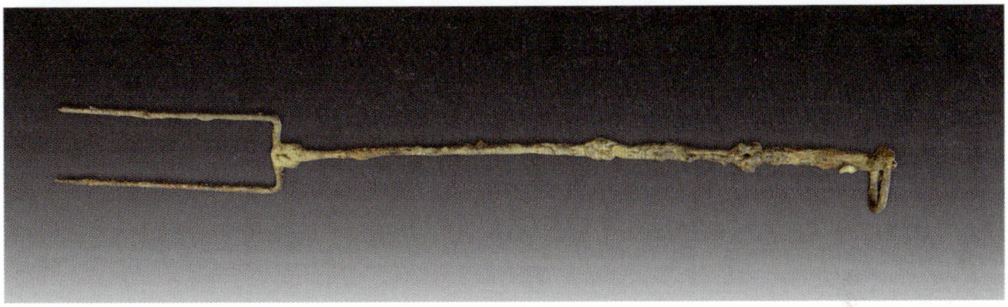

烧烤用的铁叉

下有 4 个鸮形足。四壁外各附一个铺首环。在稍长的两侧各铸有两头小猪，猪嘴朝天，四足撑在炉壁上，中空，可以插放烧烤用具。炉的四角有 4 个鸮形足，鸮的两足着地挺立，脊背顶负炉盘。大烤炉底有轴轮，型体大，看来是用于大型宴会的。从后藏室入口处放有木炭推知，烤炉以木炭为燃料，待炙的牛羊肉以铁钎串插，置炉盘上烤炙。同出土的还有一捆用丝织物包扎的铁链和串肉烧烤用的铁钎。更有趣的是，小烤炉的侧壁铸有小猪，这非常形象地说明此器具是用于烧烤乳猪的。近旁一铜鼎内发现有乳猪遗骸，由此可证。

出土铜煎炉、滑石煎炉各 1 件，叠置。铜煎炉分上下两层，皆作浅盘形，底有四短足。两盘间由 4 根断面呈曲尺形的片条相连，与炉身一同铸出。上层炉盘底部有烟炱痕，表明下层炉是用于放置木炭，上层炉盘放兽肉，干煎至熟，

铜煎炉

如同现在的“铁板烧”。器形与中原所见不同，应为本地铸造。滑石煎炉呈长方形，直壁，平底，炉盘内有一曲尺形格梁，外底部四隅有短足。底与盘外壁均有烟炱痕，可见同为实用器。其应用与铜煎炉相似。两煎炉除可煎烤兽肉、鱼类食物外，还可以煎烤小动物。于后藏室同出土的200余只禾花雀，皆被去羽斩头断爪，分置在3个陶罐中，显然是准备给南越王烧烤或干煎为食的。无独有偶，在禁食禾花雀前，岭南地区用它制作食物，同为去羽斩头断爪，制作方式多为烧烤油炸。

铃形铜挂钩，西耳室出土有5件，造型、大小相同。出土时每件都用丝织物裹缠，设计独特，分上下两部分。下部是挂物的钩体，上部像一个倒置的铜铃，铃内正中立一柱，高出铃体。柱端一圆环，可用于悬挂。铃外顶端有一带平座的圆柱环钮，钮内扣一节连环，连环之下再接一个挂钩。这5件挂钩出土后，一直到编写完成的发掘报告出版了，还把它列为未知用途的铜器类。其后，河南省文物考古研究所熟知我国古代冶铸工艺史的李京华先生在考察南越王墓出土的铜器、铁器时，指出这是防蚁用的挂钩。食物等悬挂在钩下，因其上有盛

铃形铜挂钩

铃形铜挂钩

了水的铜铃相隔，可以防虫蚁爬来觅食。这种挂钩对高温潮湿、容易滋生虫蚁的南方地区特别适用，今天用来储放食物的双唇坛子（粤人称为“气死蚁”），只要注上清水，也是防蚁的。

南越王墓出土 9 件铜提筒，以东耳室出土的 3 件最大、最显眼。这 3 件提筒出土时，依大小顺序套叠在一起。最外一个最大，高 50 厘米，口径 46.5 厘米。最外的那件与中间的纹饰基本相同，自上而下由常见的栉齿纹、连环圆点纹、

铜提筒出土照

船纹铜提筒

船纹铜提筒局部

勾连菱形纹、勾戟形纹组成三组纹带。套在最里的是以人物图像为主纹的提筒，墓中仅见这一件。筒身上下有几何图形纹带，中部是一周四幅越人海战连环图纹。筒身每图绘刻一条战船，形制大同小异，为目前考古发掘所见2000年前结构完备的海船图。船头船尾翘起，各竖起一张小幔，前部立墙桅，中部建瞭望台，船尾架设有一把弓形大橹。船体甲板之下分划出5—6个舱室，其中一个舱室内装满铜鼓。船的前后有海鸟、海鱼、海龟，表示此为航行于大海的大船。每条船上有6人，其中有手执兵器的武士5人，他们头戴高羽冠，冠下有双羽翼，额顶竖羽纛，着束腰，下着羽裙，光着脚，系短剑。羽人分别作划桨、执弓箭、击鼓、抓俘虏、提首级的形象。第6人是一个俘虏。4条船的船头处都有一个倒挂的首级。这4幅战船图纹有几个特点：一是船上没有刻划桨楫和水手，推进的动力是3帆1橹，显示出这是大型的海船；二是桅上的风帆因其高出船体许多，都略而不表，仅在桅杆上刻画出帆下的羽饰；三是武士全都面朝前方，其头顶的羽冠和桅杆上的羽饰全都迎风后扬，表示4艘船正扬帆破浪

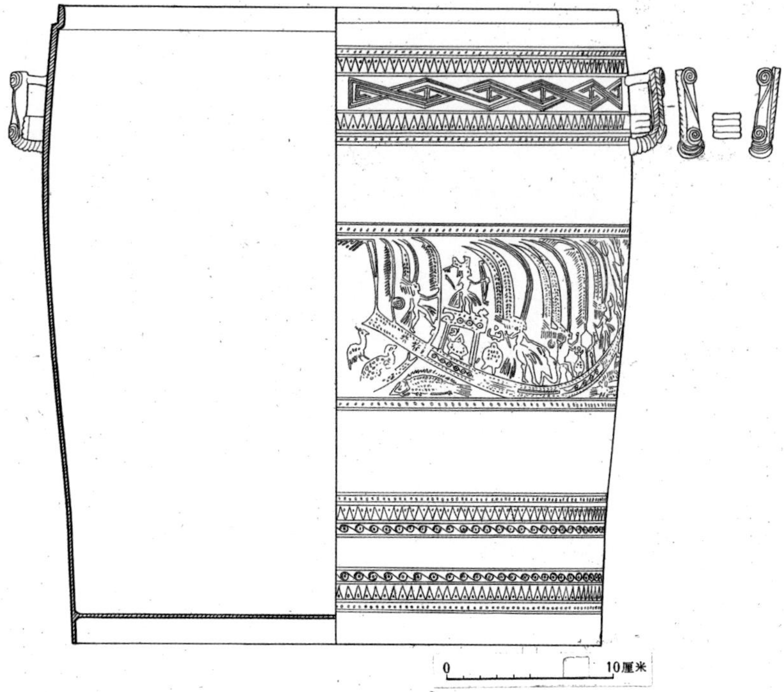

船纹线图

向前；四是执兵器的武士所持兵器有弓、短剑、斧钺和盾牌，且有首级和俘虏，还缴获到对方的铜鼓等重器。它所反映的主题是海战胜利，杀俘祭河（海）神，凯旋而归的情境。

提筒是我国古代一种极具地方特色的储存器。主要发现于两广、云南和越南北部，时代多为战国至西汉初期。其纹饰以几何图形纹带为常见，船纹的很少见。类似两广所见的南越国提筒，在越南北部有大量出土，主要流行时间都在南越国时期。今越南北部和中国广西西南部的接壤地带，在当时曾是骆越人的聚居地，他们可能是提筒的首创者。两广地区出土的大多出自南越国墓中，有可能受骆越人的影响而在本土仿制，也可能通过贸易交换得来，或是骆越首领以提筒盛放酒浆进献于南越国统治者的。

至于提筒的用途，越南的学者称之为“缸”，认为是大型的储物容器。云南发现的提筒被作为藏货币的贮贝器。而广州汉墓出土的提筒多与饮食器放在一起，有一件大型的陶提筒，腹下近圈足处还有一段圆管形的“流”，筒盖里面墨书“藏酒十石，令兴寿至三百岁”文字，可证它是藏酒的容器。南越王墓东耳室出土 3 件提筒与壶、钫等酒器放一起，后藏室所出提筒内，或装猪骨、黄牛骨、花龟、青蚶、家鸡骨，或内有陶罐、铜熏炉、铜匜、“衍”字封泥，或耳际有藤条捆扎痕，或贯耳内残存藤条穿系木盖的痕迹。由此推测，这些铜提筒被用作盛酒或储食物之器

（五）乐舞笙歌

早在先秦时期，舞乐已被人们分为雅乐和俗乐。雅乐是我国古代祭祀天地、祖先以及朝会、宴享时使用的正统舞乐。俗乐指的是民间的歌舞，表演形式自由奔放、轻松活泼。从乐器来看，雅乐以钟磬为主，为金石之乐。俗乐以管弦为主，为丝竹之乐。

南越民族是一个能歌善舞的民族，在长期的生活和生产中，创造和发展了南越的艺术。至秦统一岭南及南越国时期，岭南地区在与其他地区的文化交流中融进了汉楚等文化艺术，从而形成了南越音乐舞蹈多姿多彩的风貌，并成为秦汉时期中国艺术的一朵绚丽的奇葩。

乐曲和语言一样，是看不见摸不着的，加上史书对这方面的记载非常贫乏，因此，对南越的音乐研究，存在不少困难。近50年来，考古工作者在南越墓葬中，特别是南越王墓的发掘中，发现一批与南越音乐有关的出土文物。这些珍贵的文物不仅填补了史料的不足，更由此可见南越国音乐独特的风貌。

南越王墓出土的乐器，从质地上分有铜、石、陶、丝等。按我国古代乐器的八音分类法，它们分属金、石、土、丝四类。金类乐器有编钟两套，勾鑃一套，铎两件；石类乐器有编磬两套；土类乐器有陶响盒和陶响鱼；丝类乐器有

铜钮钟

琴、瑟。这些乐器以金类和石类乐器为主。如果按演奏方法来分类，又可分为打击乐器和管弦乐器两大类，其中以打击乐器为主，包括有编钟、甬钟、勾鑃、铎、编磬、陶响鱼和陶响器等。管弦乐有琴、瑟，未见吹奏的管乐器，可能已全朽了。可见，南越的音乐也是雅乐和俗乐并存的。

这批乐器大多集中堆放在东耳室，如 14 件一套的钮钟、5 件一套的甬钟、8 件和 10 件各一套的石编磬，都大小有序地整齐排列在墙根或地面上，出土时，钮钟还整齐地悬挂在木横梁上，可惜木梁木质已腐朽，只保存有残木片和漆皮。而勾鑃则是大小相套放在东耳室靠后壁。

东耳室北墙根出土乐器情形

铜甬钟

石编磬

钟、磬同为我国最古老的乐器。迄今发现最早的钟为西周时期。考古发掘所得周代钟数量已有不少，墓葬所出，只限于身份较高的贵族墓葬。到汉代，从考古发掘资料看，情况相同。编钟分为14件一套的钮钟和5件一套的甬钟，其悬挂方式有别，钮钟为直悬，甬钟为斜挂。根据研究，编钟发音时余音较长，比较适合演奏中速或慢速、节奏比较松散而悠缓的旋律乐句。经检测，这两套编钟皆有正鼓音和侧鼓音，为双音钟，其音域跨度较广，七个音阶齐全。经鉴定，这两套编钟皆为南越国自己铸造。南越王墓出土的甬钟与中原楚式钟相比，钲部较短而鼓部较长，应是所谓的越式甬钟。

磬的历史更悠久，从考古发现资料看，早在4000年前新石器时代晚期，山西省夏县东下冯遗址就出土了一件打制的石编磬。且磬还是众乐之中起主导作用的一种乐器。演奏时乐器的谐调、演奏的节奏快慢都依磬声而定。

钟、磬最早是单个使用的，称“特钟”“特磬”。到西周时，开始用十几个大小相次、成组的编钟、编磬，这些编钟、编磬悬挂在木架上，用木槌击奏，多用于雅乐，即古代帝王祭祀天地、祖先及朝贺、宴飨等大典所用的乐舞。周代的雅乐，被儒家奉为乐舞的最高典范，认为它的音乐“中正平和”，歌词“典雅纯正”，故称之为“雅乐”。以后的历代统治者取得政权后，都循例制礼作乐，歌颂本朝的功德。南越王看来也不例外。

勾鑃出土于东耳室，一套8件，出土时多数大小相套，器形基本相同。器体硕重，胎壁较厚，柄、身合体铸出。一面光素无纹，另一面刻铸铭“文帝九

铜勾鑃

铜勾鑃

铜勾鑃铭文

铜勾鑃铭文拓片

年 乐府工造”，文分两行，小篆体，其下每件分别阴刻“第一”至“第八”的编码，最大“第一”，通高 64 厘米，重 40 公斤，以下依次递减，最小一件“第八”，通高 36.8 厘米，重 10.75 公斤，8 件共重 191.4 公斤。

勾鑃本是古吴越乐器，盛行于春秋晚期到战国年间，在古越人分布地区的今安徽、江苏、浙江、湖北等地都有出土，组合数今见有 1、2、7、8、11 件不等。湖北荆门包台 2 号战国墓出土单个勾鑃，该墓棺椁保存完好，未遭盗扰。所出两件都有铭文，自名勾鑃。清代中叶在浙江武康县出土的“其次勾鑃”，郭沫若考定为战国之器。1977 年浙江绍兴狗头山出土了“配兒勾鑃”也是两件一组的。出土 7 件一组的有江苏武进淹城内城河，大小相次，可能是一套。南越王墓出 8 件一套，是青铜勾鑃中唯一有绝对纪年，又大小相次刻有序号的，这是目前所见年代最晚的一套。另有 11 件一套，为目前所见组合数最多的，大小相次为原始瓷的勾鑃，出于绍兴的战国墓中。

南越王墓出的这套勾鑃，正面刻铭“文帝九年 乐府工造”，表明是在赵眜嗣位的第九年（前 129）时由南越国的乐府工官制造的。“乐府”是古代掌管音乐的官署，“工”是管理百工的长官“工师”的简称。秦及汉惠帝时已设有“乐府令”的官长，汉武帝定郊祀之礼，立乐府，掌管宫廷、巡行、祭祀所用音乐兼采民歌配以乐曲。由此可见，南越亦仿效秦汉制度，王国中设立乐府。经测试，这套勾鑃七个音阶齐全，音质尚佳，应是南越国宫廷演奏时使用的。这种墓中有代表两种文化的乐器共存一室，也是反映当时汉越民族“杂处”、汉文化与当地的土著文化并存、融合发展的历史真实。

琴、瑟是我国古老的民族乐器，周代时已流行，《诗经》中亦有提到，常常是琴、瑟并称，这不仅是因为它们形状相似，主要还是因为琴、瑟合奏，声调协调，因此古人将夫妻恩爱、感情和谐常以琴瑟作为比喻。《礼记·曲礼下》

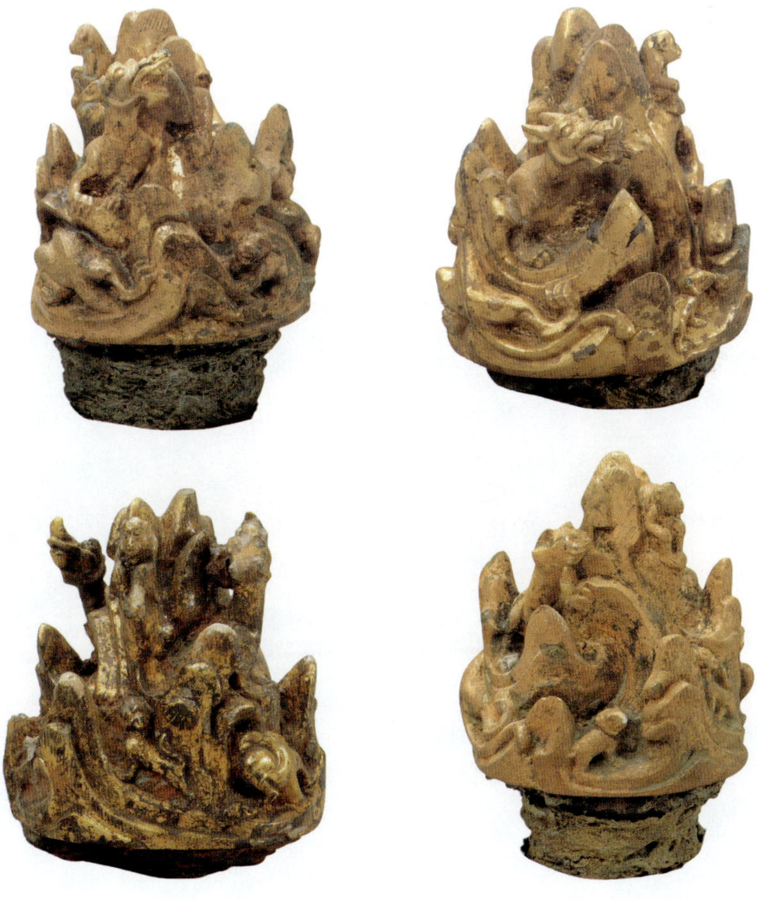

鎏金铜瑟枘

说："士无故不彻琴瑟"。《左传·昭公元年》称"君子之近琴瑟以仪节也，非以慆心也"。说明至迟在周代，学习和掌握演奏琴、瑟的技艺，已经是表现贵族身份地位和显示情操的一种手段。

琴、瑟都是汉代比较流行的弹弦乐器，是当时主要的演奏乐器，两者合奏，声音和谐。我们知道，汉代为我国古琴、瑟一个重要的发展期，当时社会上流传的乐曲是很多的。南越的琴、瑟乐曲如何，目前尚缺乏资料。南越王墓中出土有琴轸和瑟枘，可知墓中随葬有琴和瑟。只可惜木质的琴体和瑟体都已朽尽，只余下青铜制作的用以系弦的琴轸和瑟枘。其中琴轸共 48 个，瑟枘共 12 个，从其数量推测，并对照曾侯乙墓出土的五弦琴、十弦琴以及长沙马王堆 3 号汉墓出土的七弦琴和 1 号墓出土的瑟，可知南越王墓至少随葬有七弦琴 1 件，十弦琴 3 件或五弦琴 6 件，而瑟有 3 件。因为出土的 12 件瑟枘可分三组，每组不同型，但都是铸成博山状，山峦起伏，有珍禽瑞兽嬉戏其间，就像一座袖珍的野生动物园，十分精致。同墓还出土有 3 件铜轸钥，应是调弦之物。

出土陶响盒，7 件，扁圆形，中空。两面皆有纹饰，或饰放射式篦点纹，

陶响盒

陶响鱼

或饰圆圈戳印纹。陶响鱼，9件，器体大小相近，是用泥捏为两片合成空心鱼形烧成，鱼身两面划有鱼眼、嘴和鳃盖，体上戳印鱼鳞。火候较高，胎质坚硬。这两种陶响器内都装有砂砾，摇动发出沙沙响声，可能是舞蹈击拍用的“砂镲”。从其胎质、火候及纹饰推知，这无疑是南越国烧制的。类似的陶响器在黄河中上游和长江中下游新石器时代晚期的遗址和墓葬中已有发现，但都是球形的。对于它的用途，有专家结合民族学和民俗学研究，认为既是玩具和乐器，又是娱乐工具。在秦国咸阳故城遗址曾发现陶响鱼和盒状陶响器各两件，与南越王墓发现的相同，只是形体略大。南越王墓出土的陶响鱼和陶响器虽然是南越国制造，但其渊源应当还是来自秦国。值得注意的是，这些陶响器并不是出自礼乐藏所的东耳室，而是分别出于藏珍玩的西耳室和藏厨具的后藏室，这还有待进一步的解读。

和音乐密切相关的是舞蹈。南越国时期墓葬出土有与舞蹈相关的器物和纹饰，正好反映了当时歌舞之盛。

南越王墓中，出土有6件玉舞人，他们虽形体各异，但其中5件有一个共同特征：都是长袖飘摆，折腰扭胯的楚式长袖舞造型。这种舞蹈不仅是南越宫廷内盛行的舞姿，还是汉朝各地流行的舞姿之一。

长袖舞是我国古代舞蹈艺术最基本的类型之一，其特点就是舞者不用其他舞具，而是凭借长袖交横飞舞的千姿百态来表达各种复杂的思想感情。古代长袖舞，在我国现代舞蹈中除藏族舞蹈外已见不到了，但在传统戏曲中却得到了继承和发展。京剧大师程砚秋先生运用的水袖动作达二百余种，以表达各种复杂的感情。

相传在周代时，贵族统治者为了祭祀天地、祖先及朝贺、宴飨的需要，制定了六种祭祀舞蹈，其中一种“人舞”，舞者就是徒手曳袖而舞的。从考古发掘特别是汉画像石中所获汉代舞蹈图像资料看，长袖舞多出现在广场、殿堂、庭院演出中，舞人有男有女，有单人舞，有双人对舞和多人群舞，但图像所见，以单人独舞为主。同时长袖舞还具有多种不同的艺术风格。有的与侏儒俳优串演，诙谐逗趣，舞姿矫健舒展，豪迈奔放，比较重视腿部的跨越腾跳动作，因此，舞衣较短，一般长稍过膝。如河南省南阳出土的画像石乐舞图像、荥阳河王水库东汉墓出土的陶楼彩画乐舞图以及内蒙古和林格尔东汉墓壁画乐舞图。有的舞姿委婉飘逸、娴静含蓄，舞人着长而委地的束腰舞衣，以腰部和手、袖的动作为主，如陕西省绥德汉墓画像石《长袖舞》图像和南阳唐河针织厂出土的汉画像石《长袖舞》图像。他们所表现的舞姿如弱柳临风，飘拂不定，既婀娜多姿，又妩媚动人。这种风格的长袖舞更多的是注重腰肢动作，舞伎腰肢纤细，着束腰长袖舞衣，不仅表现出女舞者体态之袅娜，还使舞姿更轻盈飘逸，表现的是一种含蓄的美。这种舞蹈不仅有纤腰的前俯后仰，还有一种颇具特点的侧体折腰。《西京杂记》卷一记载汉高祖的宠妃戚夫人“善为翘袖折腰之舞”。南阳唐河县湖阳辛店新莽时期的冯孺久墓画像石乐舞图和山东微山县汉画像石乐舞图，展现的便是这种舞姿，舞人侧体折腰90度，双袖翘起。可以说这种风格的长袖舞，利用纤腰的前后左右扭动，配合长袖的缭绕飞舞，体现了我国传统的民族舞蹈重在上身腰、袖动作的舞蹈风格。

墓中所出6件舞人，其中两件最为精美。一是出于西耳室的圆雕玉舞人，

圆雕玉舞人

圆雕玉舞人——背

舞者头上向右横梳出一个螺髻，身穿右衽长袖裙，扭胯并膝而跪，舞姿曼妙生动，左手上扬至脑后，长袖下垂，右手向右后方甩袖，头向右微偏，张口，作莺歌燕舞之状。在出土的汉代玉舞人中，这是首见的圆雕作品。另一件是东侧室右夫人B组玉佩中的舞人（E135），这件玉舞人受沁严重，扁平体，自顶及底有一小孔贯穿。双面线雕，作立姿，头顶簪花，着长袖长裙，长裙曳地，细腰束带，带上系组绶，挂环、璜各1件，下垂及膝，组绶从玉环的圆孔穿过，

玉舞人（E135）

玉舞人

至玉璜之下，套彩结，垂流苏。舞者右手高扬至头顶，左手下摆到细腰间，身躯向右倾斜已超 45 度。按理重心偏右是站不稳的，玉雕匠人正是捕捉到舞者斜体旋转时身肢最优美的瞬间定格下来，反映在这长不足 5 厘米的小玉片上，真是匠心独具，是已知的汉代扁平体的玉雕舞人中不可多得的佳作。

南越王墓出土的 6 件玉舞人，他们或绕舞长袖，或并立而舞，或轻盈举步，不仅充分展现出南越舞者轻盈、和谐、飘逸的动态美，而且，长袖细腰的楚舞盛行于南越王宫中，从一个侧面反映了楚、越舞蹈文化交流的情况。

玉舞人

九

域外文化遗物

岭南地区濒临南海，海岸线长，大小岛屿星罗棋布，沿海有不少良港。《汉书·地理志》中记载："……番禺亦一都是会也。""自徐闻、合浦入海……""自徐闻、合浦、日南、障塞船行……"这些记载表明，汉时番禺、徐闻、合浦、日南、障塞等已经成为重要的贸易都市和海港。但单从这些零星记载来看还不足以说明南越国时期岭南地区与海外交通贸易的情况。近几十年广州地区秦汉时期墓葬的发掘，出土了大批水晶、玻璃、玛瑙等来自海外的物品，南越王墓

银盒出土情形

银盒

亦出土许多海外物品，如象牙、乳香、银盒、金花泡等。这些海外舶来品，有力地证明了广州早在2000年前即与海外有密切的交往。

银盒 在墓主棺椁“足箱”内的139块陶璧和2块玉璧中出土了一件非常别致的银盒，盖身相合呈扁球形，盖面隆圆，顶部有两圈凹线弦纹，构成一圈宽带。盖的外周为对向交错的蒜头形凸纹，腹部自口沿以下亦有同样的凸纹。纹样是用模子压着锤鍱而成，每个蒜头形外凸内凹。器身有子口，微内敛，底部亦微向里凹入。盖与身相合处的上下边缘各饰一匝穗状纹带，谷粒样凸起，因系錾刻而出，故内壁相对部位光平。全盒仅这匝穗状带表面有鎏金，极薄，与我国发现的汉代及其之前的鎏金器有异。盒子盖顶部宽带纹外侧分立3个如银锭形的小凸榫，凸榫上分别刻有“Ⅰ”“Ⅱ”“Ⅲ”的记号。此凸榫应是用

银盒局部

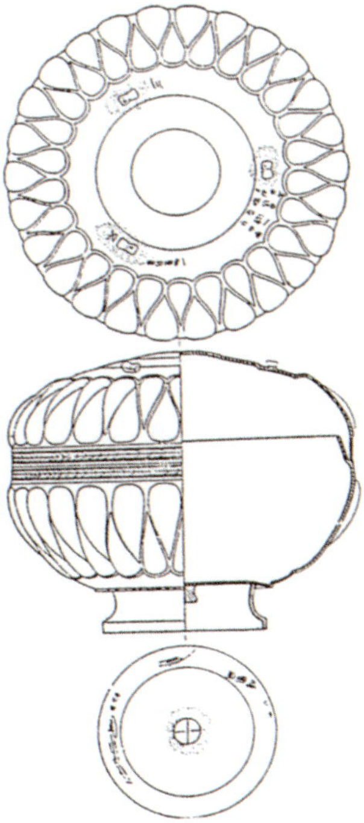

银盒线图

来套入三个器钮的钮座，钮座上刻编号则是方便钮饰对号入座的，出土时钮饰已失不存。

这个银盒的蒜瓣花纹，是用锤鍱法压制而成，一般认为，锤鍱压制金银器起源于波斯文化。此盒与西亚波斯帝国的金、银器相似。《世界考古学大系》第十一卷中就刊有这类蒜头形纹的金器和银器，其中有波斯帝国早期都城厄克巴坦出土的公元前 5 世纪的“薛西斯王”金钵、金壶，以及在苏撒附近出土的公元前5世纪的“阿塔薛西斯王”银盘。因此，可以认定这个银盒是目前已知广州地区发现年代最早的一件舶来品。

华盛顿弗利尔美术馆的阿塔西斯玉银笸罍

江苏盱眙县大云山汉墓银盒

有意思的是，通过用电子控针对银盒、墓主身穿珠襦的银泡饰物，银盒盖面后加焊接的钮座和出于西耳室的银锭的化学成分进行分析，发现银盒上后加的银钮座与银锭块的成分一致，银质不太纯，很有可能是后来焊接在盖面的银钮座，其原料就是同墓出土的银锭块。而银盒和银泡的成分也相近，银质较纯，这又为说明其属舶来品多了一条证据。出土时，银盒内装有药丸，如今天的保济丸大小，已黏结成团，且全部碳化，无法得知其成分与药性。目前资料呈现，西汉时，中国还没有药丸的出现，因此，这些药丸也可能是与银盒一样由海外输入。南越王生前用银盒来盛服食的药丸，死后一同放到棺椁中随葬。

银盒除在器底附加鎏金铜圈足座外，在银盒盖面和盒底都刻着写有汉字的草隶，有部分铭刻文字被钮饰和焊接的银液覆盖了，或被刮去了，余下的在盖面有“一斤四两 右游一 私官三升大半□ 名甘百卌一”。底刻写“之三”“私官容□”“□名曰”。铭文中的“私官”是王宫内掌管皇后宫中饮食之官。“游”是休闲的离宫，南越王的离宫别苑分有左右。“一斤四两”是银盒重量，出土后称重 527.6 克，因器腹部腐蚀严重、穿孔，所以不好折算。“三升大半”意思是银盒的容量为三升又三分之二升。“名甘百卌一”是编号者名甘，器物编号为一百四十一号。由此编号得知，南越王宫内贵重的物品不少，但这个银盒偏被选中用来随葬，亦是突显它的珍稀一面。

从银盒本身所包含的信息来分析，这个银盒在出土前经历了三个历程：银

银盒内的药丸

盒在产地制成属第一时段；从海外传入南越国后由管理后宫的部门在盒的面、底分别刻上文字给予登记编号，这是第二时段；后来又对银盒按照中国盒的传统特点在盖面焊上银钮，在盒底加上铜圈足，到最后随墓主人放入墓中随葬，这为第三时段。

奇怪的是，山东临淄汉初齐王墓器物坑中出土的 1 件银盒、云南晋宁石寨山 11 号和 12 号墓中出土的 2 件铜盒及江苏大云山汉墓出土的银盒，其造型和纹饰与本墓所出银盒几乎完全相同。这三处的时代大体相近，但相距千万里竟会出现彼此近似的海外珍品，它们之间可有关联？由何处引入？这些问题有待学者深入地去探究。

乳香 在墓内西耳室中有一漆盒，内发现一小堆外形酷似乳香的树脂类物质，重 26 克，经广州分析测试中心作红外光谱分析对比，发现出土样品与松香截然不同，与现代乳香亦稍异，其中有的成分可能已经分解了，但并不排除它确实是乳香。我国考古发现第一次出土乳香，是 1973 年福建泉州湾后渚港发现的宋代海船出土的一批香药和香料木，其中有乳香 6.3 克。本墓乳香是第二次出土，且年代是最早的。

乳香

乳香，又名薰陆，主要产于红海，东南亚地区也有生产，属于树脂类香料。中国不产，史载，北宋熙宁十年（1077）经由广州口岸进口的乳香约达35万斤，可见其用量之大。乳香有两种用途，一可用作香料，置于熏炉内焚烧；二可当作药物，乳香在中医上可活血、行气、止痛。汉代乳香是否已经输入中国？文献无记载，但从南越王墓中出土的乳香来看，乳香在西汉就已经传入中国。用于燃熏的器具熏炉，在岭南汉墓中是普遍发现的。南越王墓出土熏炉就有13件，这批熏炉除了最常见的盖豆式单体熏炉外，还有5个大小相同的炉身相连一起的四连体铜熏炉。众所周知，燃熏的香料主要产地在南洋，这些器具在岭南普遍发现和出土数量多，说明当时的香料来得较容易，使得室内熏香成为本地区贵族生活中的一种奢靡的时尚，由此，证明了岭南的海上交通贸易的发达。

这批乳香出土时放置在漆盒中，而不是熏炉内，在当时可能作为药物使用。多病的南越王视之为珍品，与其他药品一起同放入墓中。这些已分解的乳香，透露出香料贸易在汉代岭南地区异常活跃，它不只是汉代异域进口香料的代表，更是南越国与海外交往的历史见证。

金花泡

焊珠金花泡 共出土39枚，分别为出于西耳室的2枚，东侧室的5枚，主棺室墓主珠襦上的32枚。同为一种贵金属的装饰品。这些花泡呈半圆球形，底口处为平折沿，泡壁很薄，泡里底口稍下处焊接一根横梁，用来缝缀。泡的直径只有1.1厘米，珠的球面用金丝焊接成圆形、心形、堆珠形、辫索形等多种立体图样。其中有两枚的花饰最为繁缛，在球面形的泡体上饰有九组图纹，图纹是用细如头发丝的金丝搓拧成索形的金线，又用素身金丝剪成粒状小珠，分别焊接到泡面上。金丝组成的图纹，每一圈和每一粒小珠都是焊接固定的，在20倍显微镜下可以清楚地看到焊接点，设计和加工十分精细。

这种焊珠工艺与中国传统的金银细工不同，却与西方出土的多面金珠上的小珠焊接法相同。而这种焊珠工艺在西亚两河流域乌尔第一王朝时期（前4000）就已出现，随后流行于古埃及、克里特和波斯等地，公元前4世纪亚历山大东征以后流传到印度。在巴基斯坦公元前3世纪的呾叉始罗的遗址中，就有焊珠工艺的发现。这类特种金工艺饰物源出西方，在中国境内属年代较早的标本，其来源很可能与当时的海上交通线有关。

据《汉书·地理志》记载，汉代中国与东南亚、印度有一条海上通道，即从现在的越南岘港或我国的徐闻、合浦，沿印支半岛（中南半岛）南下，经越南南圻、泰国华富里、暹罗古都佛统、缅甸蒲甘、印度马德拉斯到斯里兰卡。汉武帝派出的使者到达此地后又沿原路而归。《汉书·地理志》还记有黄支国（今印度马德拉斯西南的康契普腊姆）“其州广大，户口多，多异物”。所产明珠、璧、琉璃、奇石异物，自武帝以来源源不断流入中国。中国的丝绸、茶叶，通过馈赠、贸易，输往上述各地。不难设想，海上往来的民间交往，总比有文字记载的要早，所以这条南海交通航线很可能早在南越国时期就已开辟了。南越王墓所出的焊珠金花泡，反映了早在2000多年前，岭南地区就已经与欧洲有了直接或间接的文化联系。

象牙 原支共五支，出于西耳室，呈黄白色，保存欠佳，质地已经松散开裂。表面的釉质层及里面的象牙质层已有脱落现象，部分断裂成碎片，象牙表面附有许多残碎木片，原因是藏入时五支象牙堆叠在一起，用木箱、匣盛装，在墓中两千余年时干时湿的环境中极易损毁。同时由于风化作用，象牙质变得十分疏松，并形成很多松散的同心层。

从残存情况来看，象牙平均长度达120厘米，经专家鉴定其形态特征与现代的非洲象牙较为接近，而与亚洲象牙区别较明显。现今亚洲象仅雄性有象牙，

原支象牙的现状

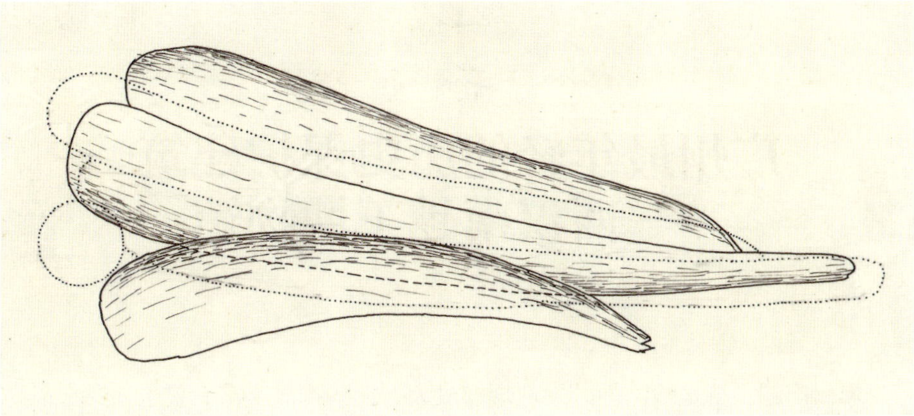

原支象牙示意图

且较纤细。非洲象则雌雄两性均具有象牙，雄性象牙较大而粗壮，雌性象牙较小而纤细。出土的五支象牙接近于非洲的雄性象牙。这是一个激动人心的重大发现，是汉代岭南地区与外部世界贸易交往的又一实物见证。这表明早在公元前2世纪，我国的岭南地区就已经与非洲大陆有了间接的经济文化交往。印度作为当时中国南方地区与西方和非洲交往的中转站，这些非洲象牙，应是经过印度辗转传入岭南地区的，是岭南地区对外贸易活动频繁的历史见证。

除南越王墓发现的这些舶来品外，可以说明与海外交往贸易关系的考古物证，主要有镂孔熏炉、犀角、象牙模型、部分琥珀珠饰、玻璃器皿，以及一种具有非洲人特征造型的托灯陶俑。这些器物，在广州、贵县、梧州和长沙等地的汉墓中都有发现，而在当时中原地区极为罕见。《淮南子·人间训》说，秦始皇“又利越之犀角、象齿、翡翠、珠玑”。《汉书·地理志》也说，番禺“处近海，多犀、象、毒冒、珠玑、银、铜、果、布之凑。中国往商贾者多取富焉”。从这些记载中，我们更有理由相信，早在秦始皇统一岭南之前，岭南地区与邻近的海外地区已经存在通商贸易。再结合所出土相关的海外舶来品，进一步印证了岭南地区海上丝绸之路上的东西方贸易不断发展，历两千余年长盛不衰，贸易区域不断扩大，至遍布世界各地，对世界经济、文化的交流做出了卓越的贡献。

十

广州最年轻的历史保护建筑——西汉南越王博物馆

象岗南越王墓是岭南地区发现规模最大、随葬物最丰富、墓主人身份最高的一座西汉早期大墓，也是我国发现年代最早的一座彩画石室墓。该墓未被盗扰，保存完好，甚为难得。加上墓主人在《史记》《汉书》中有传，年代准确，对岭南的早期开发史、我国秦汉考古等方面有着重要的研究价值。同时，该墓是“南越国遗迹”中三大遗址（另两处是南越国宫署遗址、南越国都城水关遗址）的重要组成部分，所以这次发掘被学者誉为“打开了岭南历史文化的宝库”。

象岗大墓发掘后，本着“有效保护、合理利用、加强管理”的文物工作方针，广州市人民政府决定将墓室原址保护，并在墓原址建立西汉南越王博物馆，这是广州文物博物馆事业发展的一个显著标志，是古墓葬发掘、保护和利用相结合的一个成功范例。

西汉南越王博物馆占地14000平方米，由著名建筑学家莫伯治负责总体设计。建筑以陵墓为中心。古墓上面覆以一座仿汉代覆斗形帝陵的钢架玻璃保护棚。周围铺设草坪，外围以宽2.5米、全长176米的连廊围绕，作为空间界线，划出3050平方米的遗址绝对保护区，充分突出陵墓的特殊地位。

于古墓区的北轴线上建一座面积4300平方米的二层主体陈列楼，是墓中出土珍贵文物的永久性陈列大楼。建筑结合山岗地形的陡坡，依山而建。人们站在古墓的北边连廊处，由南向北仰望，主体楼正面及20余级台阶层层递升，合拢于正中的圭形门阙，有直冲云霄之感。若站在二层的平台南望，古墓区、连廊、综合陈列楼的建筑群历历在目，有总览全局之势。综合陈列楼在古墓区的东轴线上，位处象岗东麓，是总面积为4400平方米的三层陈列楼。接待厅、放映室、观众服务区、临时展览厅及“杨永德伉俪捐赠陶瓷枕专题陈列”都放

南越王墓保护棚

在这里。它是博物馆的入口，观众由此进入，犹如进入幽暗的墓室之中。但当你踏入大门后，又豁然开朗。迎面是一条44级台阶的蹬道，正对古墓，象征帝王陵墓的神道。馆的正面雄伟而厚重。大门外有分踞左右的两只圆雕石虎，象征陵墓前立于神道两侧的石人石马。

博物馆的建筑造型、装饰和用材等方面也是独具匠心的。三座建筑体的外墙，都是选用与墓室所用石料相似的红砂岩作衬面，既与古墓博物馆的含意协调，又隐含古墓石材主要采自番禺莲花山古采石场这一历史渊源。古墓上覆斗形保护棚，则借鉴于汉武帝茂陵为覆斗形封土，而第二代南越王与汉武帝是同时代人，采用这样的设计，赋予它一个历史时代的符号。整体建筑顶部采光的玻璃棚分别运用半圆形、覆斗形、金字塔形三种变化形态，避免雷同，但同为蓝色玻璃，隐寓南越王墓出土的一批我国首见年代最早的平板蓝色玻璃。两座展馆墙面都有浮雕装饰。正面大门两堵石阙上的巨幅浮雕是我国著名雕塑家潘鹤教授精心设计的。两侧墙面上站立高达8米，头顶日、月，赤足操蛇的男女

墓室保护棚内景

西汉南越王博物馆建筑透视图

南越王墓的俯瞰图

西汉南越王博物馆建筑群

越人，象征驱除邪恶的守卫门神。它取材于出土的屏风铜构件上越人操蛇的形象，是越文化的代表。石壁底座为矫健有力的龙纹与虎纹，取材自墓中出土的大玉璧，是汉文化的象征。而基座上的一对圆雕石虎，则来自出土的错金铭文虎节，为楚文化的象征。汉、越、楚三种文化内涵形象化地作为本馆正门建筑的特殊装饰，一股强烈的南越国古文明的历史气息扑面而来。岭南是古百越民族的聚居地，“越人善作舟”，他们长于水上活动。广州雕塑家万兆泉先生根据出土铜提筒上四幅战船纹刻画再创作，在主体陈列楼东西两侧墙体上雕刻了两幅羽人的战船纹巨型浮雕，充分显示了博物馆自身的建筑风格和特色。

博物馆的整体布局以南越王墓为中心，结合陡坡和山岗地形，依山而建，

将综合陈列楼、古墓保护区和南越王墓出土文物陈列楼三个不同序列的空间，连结成上下沟通、步步升高的一个整体。博物馆布局合理，构思独特，造型和设计既融合了古代历史文化精髓，又具现代风格，是岭南现代建筑的杰出代表。这座独具特色的岭南文化新殿堂——西汉南越王博物馆先后获得“国家优秀设计金奖”“建设部优秀设计一等奖”等 6 项殊荣，1999 年还被国际建筑协会组织列为“20 世纪世界建筑精品”，是广州最年轻的历史保护建筑。2016 年 9 月又被纳入首批中国 20 世纪建筑遗产名单。建筑学界称之为：是一组尊重历史、尊重环境，有较高文化素质，在建筑艺术上有独创性的创作。

南越王墓考古发掘与建馆三十余年来，一代代南博人以保护和传承岭南悠

西汉南越王博物馆正门

西汉南越王博物馆主体陈列楼

久灿烂的历史文化为己任，埋头苦干，并在新形势下，以各种社会教育为契机，以积极创新的精神激发博物馆的发展动力，推动博物馆公共服务的文化功能。如今，西汉南越王博物馆已成为广州文化名片，是重要的历史文化景观，而南越王墓的原址保护也为全国树立了典范。

后　记

这本书原来的构想是南越王墓发掘队长麦英豪先生口述，由我做整理。2016 年年初，我怀着忐忑不安的心情接受了任务，但这要从何处做起呢？惴惴不安时我得到了王文建女士的鼓励和极大帮助，告诉我先搜集相关资料，再作先生访谈，增强了我的信心，于是开始收集麦英豪先生有关南越国和南越王墓研究的文章和书刊。然而意想不到的是，当年 5 月，资料还在收集当中时，先生被确诊为癌症，需入院治疗。即便如此，先生还不时询问书稿进度，此刻，我们不忍心打扰先生的治疗！先生与病魔做了顽强的斗争，至 2016 年 11 月 28 日，不幸与世长辞。

麦英豪先生是中华人民共和国成立以来第一批杰出的考古学家，是广州现代考古事业的主要开拓者。他长期工作在田野考古第一线，主持和指导了这一期间广州地区几乎所有的考古项目，从两汉墓葬到秦汉船台，从南越王墓到南越宫苑，从南汉二陵到千年古道，无不留下了他的足迹。在先生生平事迹中，最为人称道的是他在 1983 年主持发掘的南越王墓。从南越王墓的发现、发掘到《西汉南越王墓发掘报告》的撰写及西汉南越王博物馆的建设都倾注了先生全部的心血，先生为此做出了巨大贡献。麦英豪先生作为“中国城市考古的一面旗帜”一直坚守在广州市文化遗产保护战线上，用先生自己的一句话：“六十年田野考古尽心尽力，一甲子三大发现留与后人。”概括了他一生与田野为伴的考古岁月。

按照《亲历汉陵考古文化》丛书统一体例的要求，此书要以发掘亲历者的角度进行述说，麦先生虽已离世，但他生前留下了不少著述和口述，难能可贵。在同主编王学理先生和王文建女士几经商议之后，决定依据麦先生生前就本书编写所提出的建议，再以先生所著的《广州南越王墓》《南越文王墓》《西汉南越国寻踪》及生前的一些访谈为依据，在这三本书的基础上扩展内容，终于使这本书得以完成。

这本书自策划之日至付梓出版，历时五年。在此，我要感谢吴凌云馆长对我的信任和给予的诸多有益的建议；感谢王学理先生、麦稼先生及王文建女士无私的帮助；感谢向晋艳女士对书稿的校正；同时感谢三秦出版社的编辑耐心细致的工作。应该说，这书的出版是集体共同努力的结果。我作为著作者，虽说已完成编写、配图，正式出版，但此刻我的心情仍是忐忑不安的，唯恐挂一漏万，未能将麦先生之意愿表达一二。同时，也深感自己学力有限，书中定有不少纰漏，故祈请专家同行予以批评指正。

斯人已逝，精神永驻！谨以此书献给中国著名考古学家、南越王墓的发掘领队——麦英豪先生。

2020 年 5 月 28 日于广州

麦英豪先生

主要参考文献

[1] 麦英豪，黄淼章，谭庆芝 . 广州南越王墓 [M]. 北京：生活·读书·新知三联书店，2005.

[2] 麦英豪，王文建 . 西汉南越国寻踪 [M]. 杭州：浙江文艺出版社，2011.

[3] 麦英豪 . 南越文王墓 [M]. 北京：文物出版社，2012.

[4] 麦英豪，王文建 . 岭南之光——南越王墓考古大发现 [M]. 杭州：浙江文艺出版社，2002.

[5] 广州市文物管理委员会，中国社会科学院考古研究所，广东省博物馆 . 西汉南越王墓 [M]. 北京：文物出版社，1991.

[6] 广州市文物考古研究所 . 广州文物考古集：广州考古五十年文选 [M]. 广州：广州出版社，2003.

[7] 张荣芳 . 略论汉初的"南越国" [M] // 张荣芳 . 秦汉史论丛：第 1 辑 . 西安：陕西人民出版社，1981.

[8] 中国社会科学院考古研究所等 . 满城汉墓发掘报告 [M]. 北京：文物出版社，1980.

[9] 山东省菏泽地区汉墓发掘小组 . 巨野红土山西汉墓 [J]. 考古学报，1983 (04).

[10] 张荣芳，黄淼章 . 南越国史 [M]. 广州：广东人民出版社，1995.

[11] 中国社会科学院考古研究所，广州市文物管理委员会，广州市博物馆 . 广州汉墓 [M]. 北京：文物出版社，1981.

[12] 余天炽，梁旭达 . 古南越国史 [M]. 南宁：广西人民出版社，1988.

［13］吕烈丹 . 南越王墓与南越王国［M］. 广州：广州文化出版社，1990.

［14］黄展岳 . 南越国考古学研究［M］. 北京：中国社会科学出版社，2015.

［15］中国秦汉史研究会等 . 南越国史迹研讨会论文选集［M］. 北京：文物出版社，2005.

［16］萧亢达 . 汉代乐舞百戏艺术研究［M］. 北京：文物出版社，1991.

［17］孔祥星 . 中国古代铜镜［M］. 北京：文物出版社，1988.

［18］徐吉军，贺云翱 . 中国丧葬礼俗［M］. 杭州：浙江人民出版社，1991.

［19］何纪生，何介钧，陈红冰，高爱萍，高中晓 . 古代越族的青铜文化［M］// 湖南考古辑刊：第三集 . 长沙：岳麓书社，1986.

［20］广州南越国遗址申报世界文化遗产工作领导小组办公室 . 南越国遗址［M］. 广州：广东人民出版社，2011.